AF502003

PETITE ENCYCLOPÉDIE DES SCIENCES

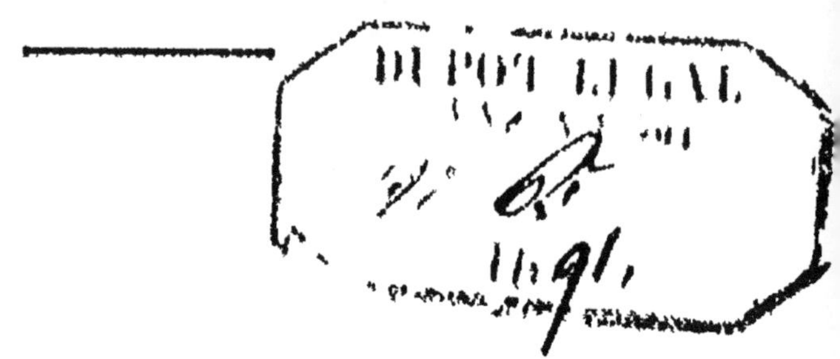

PREMIERS ÉLÉMENTS D'ÉCONOMIE DOMESTIQUE

SOCIÉTÉ ANONYME D'IMPRIMERIE DE VILLEFRANCHE-DE-ROUERGUE
Jules BARDOUX, Directeur.

PREMIERS ÉLÉMENTS
D'ÉCONOMIE DOMESTIQUE

SIMPLES NOTIONS
À L'USAGE DES ÉCOLES PRIMAIRES

PAR

J.-H. FABRE

ANCIEN INSTITUTEUR PRIMAIRE
MEMBRE CORRESPONDANT DE L'INSTITUT
(Académie des Sciences).

PARIS
LIBRAIRIE CH. DELAGRAVE
15, RUE SOUFFLOT, 15

1891

PREMIERS ÉLÉMENTS D'ÉCONOMIE DOMESTIQUE

LES VÊTEMENTS

CHAPITRE PREMIER

LA LAINE

1. Les animaux domestiques. — Nous retirons de nos animaux domestiques les services les plus variés. Le bœuf nous donne ses forces, sa chair, son cuir; la vache, en outre, nous donne son lait. Le cheval, l'âne, le mulet, travaillent pour nous ; une fois morts à la peine, ils nous laissent leur peau, dont le tanneur fait le cuir de nos chaussures. La poule nous donne ses œufs; le chien met son courage et son intelligence au service de son maître. Mais s'il est une bête du bon Dieu sur la terre, certainement c'est la brebis, la douce créature qui nous fournit sa toison pour nos vêtements, sa peau pour nos fourrures, son lait et sa chair pour notre aliment. Sa dépouille est la laine.

2. Usages de la laine. — Avec la laine se font les matelas et se fabriquent les draps, les mérinos, les flanelles, les serges, les cachemires, enfin les diverses étoffes les plus aptes à nous défendre du froid. Elle est, par excellence, la matière première du vêtement ; le coton, malgré son importance, ne vient qu'en seconde ligne, et la soie, si précieuse qu'elle soit, lui est très inférieure sous le rapport des services rendus. Nous nous habillons surtout avec les dépouilles du mouton.

3. Préparation de la laine. — Telle qu'elle est sur le mouton, la laine est souillée par la sueur de l'animal et la poussière, formant ensemble un enduit de crasse nommé *suint*. Un énergique lavage est nécessaire pour enlever ces impuretés. Le moyen le plus convenable consiste à laver le mouton lui-même avant de le tondre. D'autres fois, le mouton est tondu sans être d'abord lavé, tel qu'il sort de la bergerie, avec toutes ses souillures de poussière et de sueur. La laine ainsi obtenue se nomme *laine en suint,* tandis qu'on appelle *laine désuintée* celle qu'on a lavée. La laine en suint est trop malpropre pour être employée telle quelle, même à la confection des matelas; on la nettoie dans l'eau courante d'une rivière, et alors elle est pareille à celle que donne le mouton lavé.

4. Couleur de la laine. — En général les moutons ont la toison blanche; mais il s'en trouve aussi qui l'ont brune ou noire. La laine blanche peut recevoir, par la teinture, toutes les colorations possibles, depuis les plus claires jusqu'aux plus foncées, tandis que la laine noire ou brune ne peut recevoir que des teintes obscures. La laine blanche est donc préférable à l'autre ; mais, si belle qu'elle soit après les lavages qui la débarrassent du suint, elle est encore bien loin de posséder le degré de blancheur convenable pour recevoir des teintures délicates, ou même pour rester sans teinture. On la blanchit par le moyen que voici.

5. Blanchiment de la laine. — En brûlant, le soufre devient quelque chose d'invisible qui se répand dans l'air et trahit sa présence par une odeur piquante qui provoque la toux. Ce produit invisible du soufre brûlé se nomme *gaz sulfureux ;* c'est lui qu'on fait intervenir pour le blanchiment de la laine.

Dans une chambre exactement fermée de partout, on suspend la laine soit réduite en fil, soit non encore filée, et l'on allume au milieu de la chambre quelques poignées de soufre contenues dans une terrine. L'appartement s'emplit de gaz sulfureux, et la laine devient d'une belle blancheur.

La laine naturellement brune ou noire a sa couleur trop solide pour céder à

Mouton mérinos.

l'action du gaz sulfureux ; seule la laine blanche acquiert dans la chambre à soufre la perfection de blancheur.

6. Mouton mérinos. — Chèvre de Cachemire. — La valeur de la laine varie suivant les moutons qui l'ont produite ; il y en a de plus grossière et de plus soyeuse, à brins plus longs et à brins plus courts. La plus estimée, celle que l'on réserve pour les fines étoffes, provient d'une race de moutons principalement élevés en Espagne et connus sous

Chèvre de Cachemire.

le nom de *mérinos*. La même dénomination s'applique à un genre de tissu dont la matière est cette laine.

Enfin une chèvre, originaire des pays montueux du centre de l'Asie, la chèvre de Cachemire, fournit un duvet d'une excessive finesse, une laine incomparable, avec laquelle se fabriquent les tissus les plus précieux. Cette chèvre, sous une épaisse fourrure de longs poils, porte un abondant duvet qui la défend des rigueurs du froid et tombe naturellement tous les printemps. Lorsque cette époque est venue, on peigne l'animal avec un démêloir qui recueille, dans la toison, le fin duvet détaché de la peau.

7. Alpaca. — Semblable d'aspect et de taille au mouton, l'*alpaca* appartient à l'Amérique du Sud. On le tient en troupeaux immenses, qui vivent toute l'année dans les pâturages des régions élevées et ne sont réunis près des habitations que pour la tonte. De temps immémorial, les Indiens se servaient de la laine d'alpaca pour faire des tapis, des manteaux, des couvertures, remarquables par leur beauté et leur durée. Sa toison se compose de poils laineux, très longs, rivalisant de finesse avec le duvet de la chèvre de Cachemire. On expédie la laine de l'alpaca en Europe, où l'industrie la convertit en tissus portant le nom de l'animal.

QUESTIONNAIRE

1. Quel est le plus utile des animaux domestiques?
2. Dites les principaux emplois de la laine.
3. Qu'est-ce que le suint? — Comment débarrasse-t-on la laine de ses souillures? — Qu'appelle-t-on laine en suint, et laine désuintée?
4. Quelle est la couleur naturelle de la laine?
5. Comment blanchit-on la laine? — La laine brune ou noire peut-elle être blanchie?
6. Quelle est la laine la plus fine et la plus estimée? — Que nous fournit la chèvre de Cachemire?
7. Que savez-vous sur l'alpaca?

CHAPITRE II

LES FOURRURES

1. Marte. — Rendues incorruptibles, assouplies par notre art, les peaux de divers animaux à pelage abondant et soyeux sont utilisées sous le nom de *fourrures*, de *pelleteries*, et font assez souvent partie de nos vêtements d'hiver. Parmi les animaux à fourrures sont à citer d'abord certains carnassiers, égorgeurs de volaille et de gibier sommeillant, au corps long, fluet, bas de jambes, apte à s'introduire dans les étroits défilés, et rappelant pour la forme notre vulgaire belette.

Le plus grand est la *marte*, de la taille du chat. Elle habite les forêts, d'où elle vient rôder autour des fermes voisines pour pénétrer dans les poulaillers et y faire horrible carnage. On fait donc une chasse assidue aux martes, tant pour se débarrasser d'un animal aussi nuisible que pour obtenir sa précieuse fourrure. Celle-ci, molle, épaisse et luisante, est d'un brun foncé sur le dos, jaunâtre sur les flancs et le ventre. C'est la plus estimée des pelleteries de nos régions.

2. Zibeline. — Hermine. — La *zibeline* ressemble beaucoup à la marte et habite le Nord, principalement la Russie, la Sibérie. Son pelage, plus fin et plus moelleux que celui de la marte, est noirâtre sur le dos, roux châtain sur les flancs.

L'*hermine* n'est guère plus grande que notre belette. Comme divers animaux des climats très froids, elle a deux colorations, suivant les saisons. En été, elle est d'un marron clair, sauf l'extrémité de la queue, qui est noire. En hiver, elle devient d'un blanc pur, tout en conservant noir le

Marte zibeline.

bout de la queue. C'est sous le costume d'hiver qu'elle est activement chassée en Suède, en Norvège et dans le nord de la Russie, à cause du prix élevé qu'acquiert alors sa dépouille. Cousues l'une à l'au-

Renard.

tre, les peaux d'hermines font un effet superbe, surtout lorsque sur le fond blanc de l'ensemble sont disposés çà et là des bouts de queue, dont le noir intense tranche si nettement avec la blancheur du reste. Comme ces fourrures sont d'un prix excessif, on les imite avec des peaux de lapin blanc, où de gros traits de tein-

Loutre.

ture en noir remplacent les bouts de queue des véritables hermines.

3. Renard. — D'autres carnassiers de

taille moyenne, chasseurs, mais non buveurs de sang comme ceux que nous venons de citer, nous fournissent des fourrures de qualité supérieure. Tel est, en première ligne, le *renard des régions polaires* ou *renard bleu*, dont le pelage devient, en hiver, d'un blanc de neige ou délicatement bleuâtre. On le chasse en Russie. Sa dépouille est d'un prix excessif. Le renard de nos pays, le vulgaire renard, malgré ses longs poils soyeux, ne fournit qu'une fort médiocre fourrure.

4. Loutre. — Non rare dans nos contrées, la *loutre* est de la taille d'un gros chat. C'est un carnivore aquatique dont l'habituelle proie est le poisson. Son pelage, très doux, court et égal, est d'un brun roussâtre lustré, plus clair en dessous. Sa fourrure a plus de valeur en hiver, parce que les poils en sont plus moelleux et plus fournis.

5. Écureuil. — Chinchilla. — Vif d'allures, gracieux dans ses poses et ses mouvements, l'écureuil est un hôte de nos bois, où il se nourrit de noisettes, de

Écureuil.

glands, de faîne. Son pelage varie avec la saison et la région. Dans nos forêts, il est en été d'un brun roux sur le dos et blanc sous le vèntre; en hiver, le roux du dos se mélange de gris. En Sibérie et dans le nord de l'Europe, le gris s'accentue davantage en hiver, ce qui fait donner aux pelleteries d'écureuil venues de ces régions le nom de *petit-gris*.

Le *chinchilla*, du Chili et du Pérou, a quelque ressemblance avec notre écureuil. Son pelage, d'un gris cendré clair avec mouchetures plus foncées, est touffu, mou, soyeux. On emploie la fourrure du chinchilla à faire des bonnets, des manchons, des bordures de vêtements.

6. Lapin. — Lièvre. — Astrakan. — Otarie. — Dans les conditions ordinaires, les pelages du lapin et du lièvre n'ont rien des qualités que réclame une fourrure. Mais dans les régions très froides soit des hautes montagnes, soit de l'extrême Nord, vit une variété de lièvre dont le poil, en hiver, est d'un beau blanc. On utilise la dépouille de ce lièvre, ainsi que celle du lapin blanc, pour imiter l'hermine.

Le mouton nous fournit des fourrures

connues sous le nom d'*astrakan*. Ces fourrures à laine courte, très fine et frisée, proviennent d'agneaux mort-nés.

Enfin une sorte de *phoque*, à pelage doux et lustré, l'*otarie*, que l'on chasse dans les parages de la mer de Behring, donne les fourrures dites de *loutre* dans le commerce.

QUESTIONNAIRE

1. En quoi consistent les fourrures ou pelleteries? — Que savez-vous sur la marte?

2. Dites quelques mots de la zibeline et de l'hermine. — Comment s'imitent les pelleteries d'hermine?

3. Quel est le renard dont la fourrure atteint le prix le plus élevé? — Le renard vulgaire donne-t-il une fourrure précieuse?

4. Où vit la loutre? — Comment est son pelage?

5. Où vit l'écureuil vulgaire? — Qu'appelle-t-on petit-gris? — Qu'est-ce que le chinchilla? — Quels emplois a sa fourrure?

6. Quelles fourrures fournissent le lièvre et le lapin? — Qu'est-ce que l'astrakan? — D'où provient la fourrure dite *de loutre* dans le commerce?

CHAPITRE III

LES TEIGNES

1. Les ravageurs des étoffes de laine et des pelleteries. — Les fourrures, le drap et toutes les étoffes de laine ont, dans nos maisons, un ennemi redoutable, qui d'un précieux vêtement fait en peu de temps un haillon, si l'on ne surveille ses ravages. Le soir, attirés par la clarté, de petits papillons blancs viennent se brûler les ailes à la flamme d'une lampe. Voilà les ravageurs des lainages, les destructeurs des fourrures.

Ce n'est pas précisément le papillon qui est à craindre ; la délicate bestiole est inoffensive. Mais, avant d'être papillon, il est chenille ; et cette chenille est douée d'un appétit vorace qui lui fait ronger, pour nourriture, des matières en apparence immangeables, la laine, les fourrures, les peaux, les plumes, le crin. La chenille et son papillon se nomment *teignes*.

2. Principales espèces de teignes. — Tous les papillons des teignes ont les ailes étroites, bordées d'une élégante frange de poils soyeux, et couchées en long sur le dos pendant le repos. Voici le signalement des trois principales espèces.

La *teigne du drap* a les ailes supérieures noires avec l'extrémité blanche. La tête et les ailes inférieures sont également blanches. La chenille se tient sur les étoffes de laine, et s'y construit un fourreau avec les débris du tissu rongé.

La *teigne des fourrures* a les ailes supérieures d'un gris argenté, avec deux petits points noirs sur chacune. La chenille habite les pelleteries, qu'elle tond poil par poil.

La *teigne du crin* vit, à l'état de chenille, dans le crin dont on rembourre les

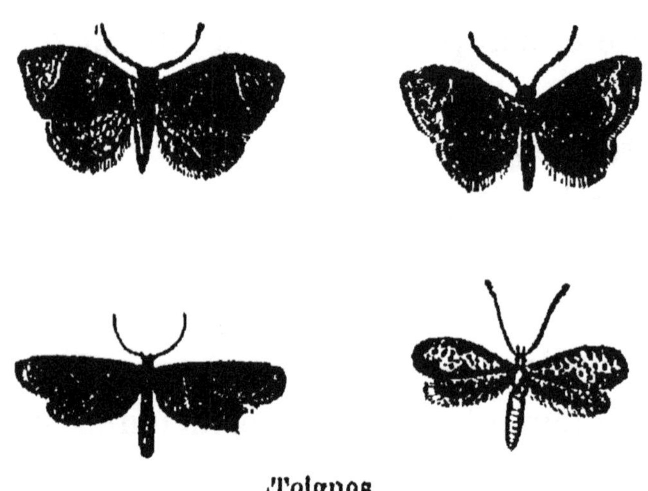

Teignes.

coussins pour les sièges. Elle est en entier d'un roux pâle.

3. Teigne du drap. — La plus à craindre est la teigne du drap. Pour se mettre à couvert et vivre en paix, la chenille se fabrique un fourreau avec des brins de laine coupés et hachés du tranchant de ses fines dents. En moissonnant ainsi les brins un à un, la teigne rase le drap et fait place nette jusqu'à la corde. Rien de déplaisant, sur une étoffe neuve, comme ces marbrures tondues montrant, de çà, de là, les mailles du tissu, lorsque tout le reste est encore velouté de son duvet.

Mais le dégât ne se borne pas toujours à des parties rasées : il n'arrive que trop souvent à la chenille d'attaquer les fils mêmes et de trouer l'étoffe de part en part, de sorte que le drap est réduit à une loque sans valeur. Les brins de laine hachés servent soit de nourriture à la chenille, soit de matériaux de construction pour la maison ambulante, le fourreau.

Celui-ci est artistement façonné, au dehors, de brins de laine fixés entre eux au moyen d'un peu de matière soyeuse bavée par la chenille ; au dedans, de soie seule, de sorte qu'une fine doublure défend la peau délicate de la teigne de tout rude contact.

4. Moyen de se préserver des teignes. — Pour garantir des teignes les habillements de laine et les fourrures, on est dans l'usage de mettre dans les armoires des plantes odoriférantes, du poivre, du camphre, du tabac. Cette précaution n'a pas grande efficacité : les teignes se montrent assez indifférentes aux odeurs fortes. Le moyen le plus sûr consiste à visiter fréquemment les étoffes, à les remuer, les battre, à les exposer à la lumière du soleil. Toutes les teignes, surtout à l'état de chenilles, aiment le repos et l'obscurité. Des étoffes secouées de temps en temps et suspendues au grand jour ne font pas leur affaire ; celles que l'on entasse pour des mois, des années, dans un réduit obscur, voilà leur gîte de prédilection, le nid où elles pullulent.

La règle de conduite est donc celle-ci :

à l'époque des chaleurs surtout, visitons très souvent nos commodes et nos armoires, époussetons, secouons, exposons aux rayons du soleil, et nous serons garantis des teignes. La vigilance vaut ici mieux que le poivre et le camphre.

QUESTIONNAIRE

1. Quels sont les destructeurs de nos étoffes de laine et de nos fourrures?

2. Dites les principales espèces de teignes.

3. Comment se comporte la teigne du drap? — Que fait-elle des brins de laine coupés? — De quoi se compose le fourreau de la teigne?

4. Quel est le meilleur moyen de se garantir des teignes?

CHAPITRE IV

LE COTON

1. Cotonnier. — Après la laine, le coton est la plus importante des matières employées pour nos tissus. Il est fourni par une plante des pays chauds appelée *cotonnier*. C'est une herbe d'un à deux mètres d'élévation, ou même un arbrisseau dont les grandes fleurs jaunes ont la forme de celles de la mauve. A ces fleurs succèdent des fruits ou coques de la grosseur d'un œuf, que remplit une bourre soyeuse tantôt blanche, tantôt d'une faible nuance jaune, suivant l'espèce du cotonnier. Au milieu de cette bourre se trouvent les graines.

2. Ouate. — Les coques de la précieuse plante s'entr'ouvrent à la maturité et laissent épancher leur bourre en un

Cotonnier.

moelleux flocon que l'on recueille à la main, coque par coque. La bourre, bien desséchée au soleil, sur des claies, est battue avec des fléaux ou soumise à l'action de certaines machines. On la débarrasse de la sorte des graines et des débris du fruit. Sans autre préparation, le coton nous arrive en grands ballots pour être converti d'abord en fil, puis en tissus dans nos usines. La *ouate*, cette douce bourre blanche dont on se sert pour garnir les vêtements et les couvertures entre la doublure et l'étoffe, n'est autre chose que la bourre même du cotonnier, débarrassée des dures semences qu'elle enveloppait.

3. Importance du coton. — En une seule année, les manufactures d'Europe mettent en œuvre près de huit cents millions de kilogrammes de coton. Ce poids énorme n'est pas de trop, car le monde entier s'habille avec la précieuse bourre, devenue indienne, percale, calicot. Aussi l'activité humaine n'a-t-elle pas de plus vaste champ que le commerce des cotons manufacturés.

4. Fil. — Des machines très ingénieuses, mais si compliquées que le regard se perd dans leurs innombrables rouages, convertissent le coton en fil. Parmi les pièces de ces machines sont d'abord les *cardes*, qui divisent la bourre de coton en

Machine à filer le coton.

minces bandelettes ou rubans. Chacune se compose de deux grandes brosses hérissées d'une multitude de fines pointes de fer. L'une est immobile et reçoit une mince couche de coton; l'autre glisse sur la première d'une façon convenable, peigne la bourre et on détache des mèches l'une après l'autre.

En sortant des cardes, les rubans de bourre sont étirés, légèrement tordus, et finalement enroulés sur des *bobines*. Une machine appelée *jeannette* les saisit alors et les tord en un fil, tantôt plus gros, tantôt plus fin, suivant l'usage auquel il est destiné. Enfin le fil s'achemine vers le *dévidoir*, qui le met en écheveau, ou bien vers la *pelotonneuse*, qui le roule en régulières pelotes d'une admirable précision.

5. Percale. — Calicot. — Parmi les tissus de coton, citons d'abord la *percale*, à texture fermé et serrée, à surface rase, d'un emploi fréquent pour chemises, rideaux, couvertures, et quelquefois aussi pour linge de table et draps de lit. Ornée de dessins en couleur, elle sert aussi pour robes.

La *percaline*, comme l'indique son nom, diminutif de percale, est un tissu de qualité inférieure, à texture peu serrée. Son fil est plat, et sa surface cotonneuse, peluchée, tandis que le fil est rond et la surface lisse dans la percale. Elle a peu de consistance et ne dure pas longtemps. On l'emploie principalement comme doublure.

Le vulgaire *calicot* est moins fin, moins consistant et à meilleur marché que la percale. Il sert d'ailleurs aux mêmes usages.

6. Mousseline. — Indienne. — Les *mousselines* sont des tissus très fins, doux et légers. C'est ce que l'industrie du coton produit de plus délicat. Il y en a qui, pour la finesse, rivalisent presque avec la toile de l'araignée, et dont une pièce de plusieurs mètres pourrait être contenue dans la coque d'un œuf. Dans les mousselines se classent le *nansouk*, l'*organdi*, la *batiste d'Écosse*.

Enfin les tissus de coton embellis par la teinture de dessins colorés, se nomment *indiennes*, parce qu'on les retirait d'abord de l'Inde, où leur fabrication est depuis très longtemps connue. Aujourd'hui les fabriques de Rouen, de Mulhouse et de l'Angleterre en approvisionnent le monde entier.

QUESTIONNAIRE

1. D'où provient le coton? — Dites quelques mots du cotonnier.

2. Quelle préparation fait-on subir à la bourre du cotonnier? — Qu'est-ce que la ouate?

3. Le coton est-il d'une grande importance? —

4. Donnez une idée des machines à filer le coton.

5. Qu'appelle-t-on percale, percaline, calicot? — Quels sont leurs usages?

6. Qu'est-ce que la mousseline? — En quoi consiste l'indienne? — D'où vient ce nom d'indienne?

CHAPITRE V

LA SOIE

1. Le ver à soie. — Une chenille d'un blanc cendré, de la grosseur du petit doigt, est élevée en grand pour son cocon, avec lequel se font les étoffes de soie. On l'appelle bombyx du mûrier ou ver à soie. Dans des chambres bien propres sont disposées des claies de roseau sur lesquelles on met de la feuille de mûrier et les jeunes chenilles provenant des œufs éclos en domesticité. Les chenilles mangent la ration de feuilles, renouvelée fréquemment, et changent à diverses reprises de peau à mesure qu'elles se font grandes.

En quatre ou cinq semaines, les vers ont acquis tout leur développement. On dispose alors sur les claies des rameaux

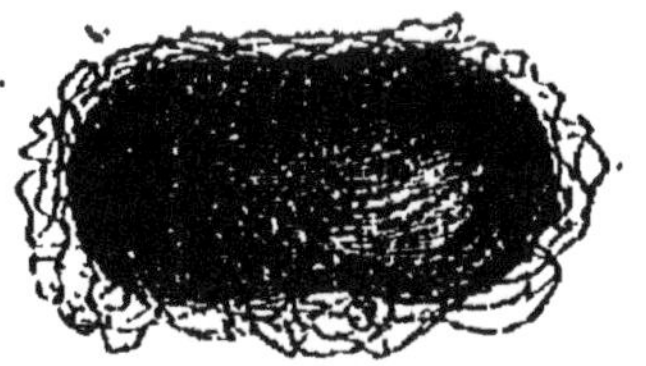

Cocon du ver à soie.

de bruyère où montent les chenilles à mesure que leur moment est venu de filer le cocon.

Ver à soie.

2. Le cocon. — Le fil de soie leur sort de la lèvre inférieure par un trou appelé *filière*. Dans le corps de la chenille, la matière à soie est un liquide épais, visqueux, semblable à de la gomme. En s'écoulant par l'orifice de la lèvre, ce liquide s'étire en un fil, qui se colle aux fils précédents et durcit aussitôt. Pour construire son cocon, le ver avance, recule, monte, descend, va de droite et de gauche, tout en laissant s'échapper de sa lèvre un menu fil, qui se fixe à distance autour de l'animal, se colle aux brins déjà placés, et finit par former une enveloppe continue, de la grosseur d'un œuf de pigeon. Voilà le cocon.

3. Dévidage. — Dès que le travail des chenilles est fini, on recueille les cocons sur la ramée de bruyère, et sans retard on les expose, dans une étuve, à l'action de la vapeur brûlante. On tue ainsi les chrysalides. Si l'on négligeait cette précaution, le papillon percerait le cocon, qui, ne pouvant plus se dévider convenablement, perdrait presque toute sa valeur.

Le dévidage se fait dans des ateliers nommés *filatures*. On met les cocons dans une bassine d'eau bouillante, pour dissoudre la gomme qui agglutine les divers tours. Une ouvrière, armée d'un petit balai de bruyère, les agite dans l'eau pour trouver et saisir le bout du fil, qu'elle met sur un dévidoir en mouvement. Entraîné par la machine, le filament de soie se développe, tandis que le cocon sautille dans l'eau chaude comme un peloton de laine dont on tirerait le fil. Au centre du cocon épuisé il reste la chrysalide tuée par la chaleur.

4. Soie écrue. — Soie décreusée. — Telle qu'elle sort des bassins du dévidage, la soie brute du cocon a perdu sa couche gommeuse, dissoute par l'eau bouillante ; mais elle est encore revêtue d'un vernis naturel qui lui donne sa raideur, son élasticité, sa couleur d'un jaune doré dans certaines qualités. En cet état on la nomme *soie écrue*. Elle est tantôt jaune, tantôt blanche, suivant la couleur des cocons d'où elle provient.

Pour devenir apte à recevoir la teinture, qui en rehaussera l'éclat et le prix, la soie doit d'abord être dépouillée de ce vernis au moyen d'un léger lessivage au savon à chaud. Elle perd ainsi environ le quart de son poids et devient d'un beau blanc, quelle que soit sa couleur primitive. Après ce traitement d'épuration, elle prend le nom de *soie décreusée* ou de *soie cuite.*

Enfin, si l'on veut lui donner une blancheur parfaite, on l'expose à la vapeur du soufre brûlé, comme nous l'avons vu au sujet de la laine.

5. La filoselle. — Les cocons troués par les papillons, les déchets des filatures et tous les rebuts qui ne peuvent se dévider sont cardés et réduits en une bourre que l'on nomme *filoselle* et que l'on file à la quenouille ou au rouet à peu près comme la laine. Mais quelque soin que l'on y mette, le fil ainsi obtenu ne possède jamais l'élégante régularité, la moelleuse finesse de celui que fournit le dévidage du cocon. On l'emploie pour les tissus de qualité inférieure, pour les bas, les lacets.

QUESTIONNAIRE

1. D'où provient la soie? — Comment se fait l'éducation des vers à soie?

2. Comment est la soie dans le corps de la chenille? — De quelle façon travaille le ver pour construire son cocon?

3. Pourquoi expose-t-on les cocons à la vapeur brûlante? — Où se pratique le dévidage des cocons? — Comment s'opère ce dévidage?

4. Qu'est-ce que la soie écrue? — Qu'est-ce que la soie décreusée? — Comment blanchit-on la soie?

5. Qu'est-ce que la filoselle? — Dites quelques-uns de ses emplois.

CHAPITRE VI

LE LIN. — LE CHANVRE. — LA TOILE.

1. Le lin. — L'écorce intérieure du lin et du chanvre est composée de longs filaments très fins, souples et tenaces, que l'on emploie, comme le coton, à la fabrication des tissus. Le lin nous donne les tissus de luxe, *batiste*, *tulle*, *gaze*, *dentelles*, *malines*; le chanvre nous fournit des tissus plus forts, notamment la *toile*.

Le lin est une plante fluette, à petites fleurs d'un bleu tendre, qui se sème et se récolte tous les ans. Sa culture est très développée dans le nord de la France, en Belgique, en Hollande.

2. Produits du lin. — Outre la filasse

Lin.

propre à la fabrication des tissus, le lin produit des semences lisses et luisantes, d'où l'on extrait, par la pression, une *huile* employée pour l'éclairage et la peinture, mais non bonne aux usages de la cuisine, à moins qu'elle ne soit très fraîche, et encore n'est-elle que de médiocre valeur. Son principal emploi est dans la peinture, à cause de sa propriété de se dessécher à la longue et de former ainsi une sorte de vernis qui retient fortement les matières employées comme couleurs. La couche de peinture que l'on passe sur la boiserie des portes et des fenêtres, par exemple, s'obtient avec de l'huile de lin dans laquelle on délaye des poudres minérales blanches, vertes ou d'une autre couleur, au gré de nos goûts.

Écrasées sous des meules, les mêmes semences donnent la *farine de graine de lin*, utilisée pour les cataplasmes, dont l'onctuosité soulage les parties du corps en souffrance.

3. Le chanvre. — Le chanvre, cultivé dans toute l'Europe, est une plante annuelle, d'une odeur forte, nauséabonde, à petites fleurs vertes, sans éclat. Sa tige, de la grosseur d'une plume, s'élève à

Chanvre.
Tige donnant des semences.

deux mètres environ. On le cultive, comme le lin, à la fois pour sa filasse et pour sa graine, le chènevis, régal des petits oiseaux.

4. Rouissage. — Lorsque le chanvre

et le lin sont parvenus à la maturité, on en fait la récolte, et l'on sépare les graines

Chanvre.
Tige ne donnant pas de semences.

en passant les sommités fructifiées des plantes entre les dents d'un large peigne à pointes de fer.

On procède ensuite à une opération appelée *rouissage*, qui a pour but de rendre facilement séparables du bois les filaments de l'écorce ou les *fibres*, comme on

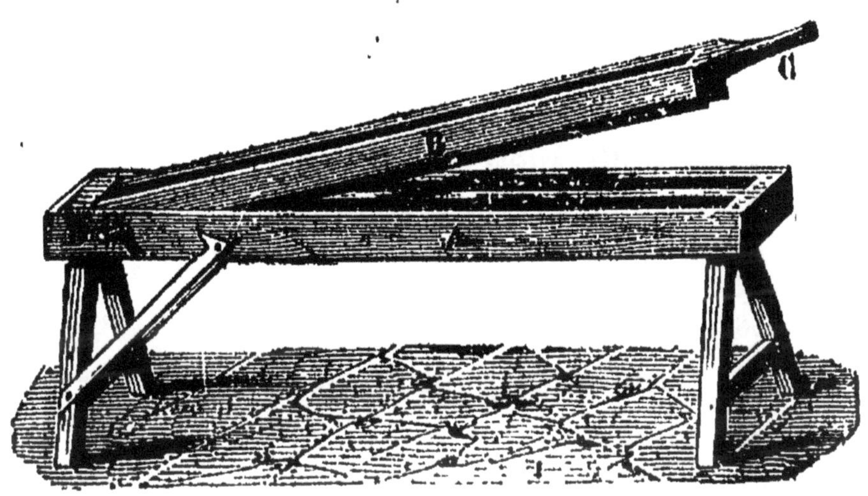

Broye.

les appelle. Ces fibres, en effet, sont collées à la tige et agglutinées entre elles par une matière gommeuse très résistante, qui les empêche de s'isoler tant qu'elle n'est pas détruite par la pourriture.

Le rouissage consiste à tenir plongés dans l'eau le lin et le chanvre liés en bottes.

Il s'établit bientôt une pourriture qui dégage des puanteurs malsaines ; l'écorce se corrompt, et les fibres, douées d'une résistance exceptionnelle, sont mises en liberté.

5. Filasse. — On fait alors sécher les bottes, puis on les écrase entre les mâchoires d'un instrument appelé *broye*, pour casser les tiges en menus morceaux et les séparer de l'ensemble des fibres ou *filasse*. Enfin, pour purger celle-ci de tout débris ligneux et pour la diviser en filaments plus fins, on les passe et repasse entre les dents d'un grand peigne pareil à celui qui sert à la séparation des graines.

6. Toile. — Si nous examinons une étoffe quelconque, en laine, soie, coton, lin, indifféremment, nous verrons qu'elle se compose de deux rangées de fils qui se croisent en passant tour à tour l'un au-dessus de l'autre. La rangée dans le sens de la longueur se nomme la *chaîne*, la rangée dans le sens transversal se nomme la *trame*. De leur entre-croisement résulte le tissu.

Avec la filasse du chanvre se tissent les *toiles* grossières pour essuie-mains et sacs, ainsi que les *toiles* fines pour draps de lit, chemises, nappes, serviettes. On obtient avec le lin des toiles plus fines encore et servant aux mêmes usages.

7. Cretonnes. — Coutil. — Quelquefois le même tissu contient à la fois du chanvre et du lin. Ainsi les toiles dites *cretonnes* ont la chaîne en fils de chanvre et la trame en fils de lin. D'autres fois encore c'est le coton que l'on associe au chanvre. Le *coutil*, par exemple, est un tissu très serré dont on fait des enveloppes pour traversins et des vêtements d'été pour hommes. Habituellement il est en entier en fil de chanvre, mais certains coutils ont la trame en fil de coton. Les trois genres de fibres végétales, chanvre, lin et coton, peuvent donc entrer deux à deux dans un même tissu, ce qui donne des produits plus variés et mieux appropriés à l'infinité d'usages auxquels on les emploie.

Une toile de lin, très fine et très serrée, employée pour mouchoirs et pour divers articles de toilette, se nomme *batiste*.

8. Tissus de fil et tissus de coton. — Les tissus uniquement composés de chanvre et de lin, soit séparés soit réunis, sont dits *tissus de fil*. Certaines qualités les distinguent des *tissus de coton*. Ils produisent sur la peau délicate une impression fraîche et calmante, tandis que les seconds, au moyen de leur duvet doué d'une légère âpreté, provoquent une sorte de chatouillement qui peut devenir désagréable. C'est ainsi qu'un mouchoir de coton endolorit les narines, rendues plus sensibles par un rhume prolongé; un mouchoir de fil n'a pas le même inconvénient.

Ainsi encore, pour panser une plaie, on fait usage de tissus de lin et de chanvre et de charpie obtenue avec de vieux chiffons des mêmes tissus; le coton, si fin, si moelleux qu'il soit, ne ferait qu'irriter davantage la blessure par son âpre contact avec les chairs vives.

Enfin le chanvre et le lin, devenus chemises, entretiennent la peau dans un état de fraîcheur qui n'est pas sans agrément au milieu des chaleurs de l'été, mais qui peut aussi, dans quelques cas, devenir inconvénient grave. Que la transpiration s'arrête; que le corps, mal défendu par sa fraîche enveloppe de chanvre ou de lin, vienne à se refroidir brusquement, et nous sommes en sérieux péril. Le coton, au contraire, excite légèrement la peau, la maintient chaude et s'oppose mieux à une transpiration arrêtée. Sous ce rapport, il est préférable au lin et au chanvre.

QUESTIONNAIRE

1. Qu'est-ce que le lin? — Quels tissus fournit-il?

2. Que retire-t-on de la graine de lin?

3. Comment est le chanvre?

4. Quel est le but du rouissage? — Comment se pratique-t-il?

5. Comment s'obtient la filasse soit du lin soit du chanvre?

6. Qu'appelle-t-on chaîne et trame dans un tissu? — Qu'est-ce que la toile?

7. Que nomme-t-on cretonne et coutil? — Le chanvre, le lin et le coton sont-ils fréquemment associés dans le même tissu? — En quoi consiste la batiste?

8. Quels sont les tissus appelés tissus de fil? — Dites les avantages et les inconvénients des tissus de fil. — Sous quel rapport les tissus de coton leur sont-ils parfois préférables? — Avec quels tissus doivent se préparer les bandages et la charpie pour panser les plaies?

CHAPITRE VII

VÊTEMENTS. — COUVERTURES. — SOMMIER. ÉDREDON.

1. Conservation de la chaleur. — On dit d'une étoffe qu'elle est chaude, de telle autre qu'elle est froide. Que faut-il entendre par là ? Une fourrure, une étoffe, ont-elles une chaleur propre qu'elles nous communiquent ? Demandons-nous à la laine, au coton, un supplément de chaleur fournie par leur substance même ?

Nullement, car aucune de ces matières, serait-ce la fourrure la plus douce, n'a par elle-même de chaleur et ne peut nous en fournir. Leur rôle se borne à empêcher la déperdition de la chaleur qui est en nous, de cette chaleur naturelle que notre corps produit par cela seul que nous vivons.

2. Rôle des vêtements. — Les vêtements, les couvertures, sont des obstacles interposés entre notre corps, qu'échauffe la chaleur de la vie, et les objets extérieurs, qui, plus froids que nous, abaisseraient notre température. Ils ne nous réchauffent pas, mais ils nous conservent la chaleur naturelle; ils ne nous donnent rien, mais ils nous empêchent de perdre.

Toute idée de parure et d'embellissement à part, la valeur d'un vêtement, au point de vue seul d'une réelle utilité, dépend avant tout de son aptitude à conserver la chaleur. Sous ce rapport, la laine est en tête des matières employées pour nos tissus; c'est elle qui, s'opposant le mieux à la déperdition de la chaleur du corps, est la plus efficace pour nous garantir du froid.

Après la laine vient le coton. Aussi les

tissus de coton sont-ils préférables à la toile pour le vêtement intime, la chemise, qui, par son contact avec nous, influe tant sur le maintien de notre température. Avec le coton, nous l'avons dit, sont moins à craindre les refroidissements brusques, les transpirations arrêtées, dont les conséquences sont si dangereuses.

3. Rôle de l'air. — De toutes les matières, c'est l'air non renouvelé qui s'oppose le mieux à la déperdition de la chaleur. Nos étoffes de laine, de coton, n'importe, ne sont, en quelque sorte, que des réseaux propres à retenir de l'air dans leurs innombrables mailles. Cette couche d'air, maintenue tout autour du corps, nous protège d'autant plus efficacement contre le froid, qu'elle est plus épaisse et moins exposée à se renouveler. Aussi n'est-ce pas l'étoffe la plus lourde et la plus serrée qui tient le plus chaud, mais bien l'étoffe souple, moelleuse, qui se pénètre abondamment d'air et le garde captif dans son épaisseur, comme le font l'ouate et le duvet.

4. Couvertures. — Les couvertures de lits, les sommiers, les matelas, ne sont encore que des barrières empêchant la chaleur naturelle de se déperdre. Les plumes légères, la laine, le coton, le crin, qui les composent, retiennent abondamment de l'air dans leur masse floconneuse et forment ainsi une enceinte que la chaleur du corps ne peut franchir.

5. Sommiers. — On fait même des sommiers avec de l'air seul, sans matière filamenteuse. Une solide enveloppe de toile, fixée dans un cadre, est maintenue gonflée au moyen de quelques ressorts disposés à l'intérieur. La cavité de cette espèce de sac est occupée par une couche d'air, à la fois souple pour un doux repos, et très efficace pour la conservation de la chaleur. C'est de beaucoup préférable aux lourdes paillasses, plus propre, moins encombrant et plus facile à manier.

6. Édredons. — Les *édredons* de nos lits sont faits avec des plumes très fines ou *duvet* que nous fournissent le canard et l'oie de nos basses-cours. Ils nous prouvent, d'une façon frappante, qu'une

Canard.

couverture, pour nous défendre du froid, n'exige pas d'être compacte et lourde, mais bien moelleuse et propre à retenir dans son épaisseur un grand volume d'air. Qu'y a-t-il, en effet, comme matière dans un édredon, la plus chaude de nos couvertures ? Quelques poignées de duvet dont le poids est insignifiant; mais ce duvet, si fin, si divisé, si floconneux, retient de l'air en abondance; et de là provient son efficacité comme couverture.

QUESTIONNAIRE

1. Nos vêtements nous fournissent-ils de la chaleur?

2. Quel est le rôle des vêtements au point de vue de la chaleur? — Sous ce rapport, quelle est la meilleure matière pour tissus? — Le coton protège-t-il bien contre le refroidissement?

3. L'air a-t-il un rôle dans l'efficacité de nos vêtements? — Pour la conservation de la chaleur, quelle est la meilleure étoffe?

4. Dites le rôle des couvertures, des matelas, des sommiers.

5. Comment sont les sommiers gonflés d'air? — Quels avantages ont-ils sur les vulgaires paillasses?

6. Avec quoi se font les édredons? — D'où provient leur grande efficacité comme couverture?

CHAPITRE VIII

LE SAVONNAGE

1. Potasse et soude. — La *potasse* se retire des cendres des végétaux terrestres, et la *soude* des cendres des végétaux marins, ou bien encore du sel ordinaire. Ce sont, l'une et l'autre, des matières blanches, très solubles dans l'eau, d'une saveur brûlante, presque comparable à celle d'un charbon allumé, et d'un maniement dangereux, car elles rongent les doigts pour peu qu'on les touche. Eh bien, ces deux redoutables matières, convenablement traitées, sont d'un emploi courant pour le nettoyage du linge.

2. Souillures du linge. — Des diverses souillures que le linge contracte par l'usage, les plus fréquentes sont celles des matières grasses, que l'eau seule ne peut dissoudre et faire disparaître. Pour enlever ces souillures, il faut d'abord les rendre solubles dans l'eau en leur associant une substance qui leur communique la solubilité. La potasse et la soude remplissent admirablement cette condition : elles forment avec la crasse, les huiles, les graisses, des composés que l'eau facilement attaque et emporte.

3. Le savon. — Mais l'emploi direct de ces brutales substances est impraticable. Que deviendraient les mains des laveuses frottant leur linge avec des drogues qui brûlent la peau plus fortement que le feu? Ce n'est pas tout encore : le linge lui-même, si résistant qu'il soit, finirait par être détruit au contact prolongé de ces matières trop énergiques. La potasse et la soude ne peuvent donc, en aucune manière, être employées directement au lavage.

Que faire alors? On lève la difficulté en leur associant une autre substance qui leur enlève leurs redoutables énergies sans trop affaiblir leur propriété dissolvante. Eh bien, pour tempérer la force trop brutale de la potasse et de la soude, pour adoucir en quelque sorte les deux terribles drogues et les rendre maniables, on les incorpore dans une matière grasse, huile ou suif. De cette association résulte le *savon*. La potasse et la soude donnent au savon le pouvoir de nettoyer; l'huile et le suif qui leur sont associés garantissent les mains et le linge d'un contact qui, sans intermédiaire, serait dangereux.

4. Fabrication du savon. — Le savon employé à nos vulgaires usages est fait avec de la soude et de l'huile de qualité inférieure, ou bien du suif de bœuf et de mouton. Voici en gros comment se passe la fabrication. Dans de grandes cuves pleines d'eau en ébullition on verse la quantité voulue de soude, puis la matière grasse, et l'on remue constamment pour bien mélanger le tout. Peu à peu, la soude s'incorpore à la matière grasse, le savon se forme et vient surnager en une couche coulante que l'on enlève pour la verser dans des moules, où elle se fige en épaisses plaques de forme carrée. Ces plaques sont ensuite divisées en pains de dimensions convenables.

5. Diverses espèces de savon. — On distingue deux espèces de savon ordinaire : le *savon blanc* et le *savon marbré*. Le premier est d'une couleur blanche uniforme, le second est veiné de quelques lignes bleuâtres. Pour l'usage, le savon marbré est préférable à l'autre, car, à poids égal, il contient plus de matière active.

On appelle *savon de résine* une espèce de savon dans la composition duquel il entre de la résine au lieu de suif ou d'huile. Il possède la coloration de la cire jaune; ses pains sont translucides sur les bords. Il produit beaucoup de mousse en se dissolvant dans l'eau, est très actif et convient pour le linge grossier.

Le *savon de toilette* est préparé avec des matériaux de choix; il est parfumé avec divers aromates incorporés dans sa substance.

QUESTIONNAIRE

1. D'où retire-t-on la potasse et la soude? — Dites quelques-unes de leurs propriétés.

2. Quelles sont les souillures les plus fréquentes du linge? — A quel moyen faut-il recourir pour les faire disparaître?

3. Pourquoi la potasse et la soude ne peuvent-elles être employées directement au nettoyage du linge? — Comment tourne-t-on la difficulté? — Qu'est-ce que le savon? — Comment agit-il?

4. De quelle manière se fabrique le savon?

5. Qu'appelle-t-on savon blanc et savon marbré? — Qu'est-ce que le savon de résine? — A quels usages est-il propre? — Avec quoi se prépare le savon de toilette?

CHAPITRE IX

LA LESSIVE

1. Marche générale. — Le nettoyage du linge par l'action des cendres, ou la lessive, est une des plus importantes opérations du ménage. Dans une grande cuve en bois, le linge sale est disposé avec ordre; au-dessus on met une couche de cendres, et sur le tout on verse de l'eau, d'abord froide, puis tiède, enfin chaude. Cette eau, chargée de potasse, matière active des cendres, filtre à travers le linge et lui enlève ses souillures; elle s'écoule continuellement en petit filet par un orifice laissé ouvert au fond de la cuve, et s'amasse dans un baquet, d'où on la reporte sur le feu pour la verser de nouveau sur les cendres quand elle est chaude. La journée entière est dépensée à ce travail.

2. Action différente de l'eau froide et de l'eau chaude. — Les taches dont le linge est souillé sont de diverse nature. Telle disparaît aisément par l'action de l'eau froide et résiste à l'eau chaude, qui lui fait même acquérir plus grande fixité; telle autre, au contraire, exige l'eau bouillante et n'éprouve rien de la part de l'eau froide. On ne peut donc commencer la lessive en versant de l'eau bouillante sur le linge. Il y a des précautions à prendre, sans lesquelles l'opération ne réussirait pas, précautions qui consistent à ne faire agir le liquide chaud sur le linge qu'après avoir épuisé les moyens d'action à froid.

3. Lavage et savonnage préalables. — A cet effet, la veille du jour où la lessive doit être coulée, on porte le linge au lavoir, et là on le rince pièce par pièce avec soin. Ce lavage préparatoire enlève certaines souillures que la chaleur ne rendrait que plus tenaces, et prépare les autres à subir plus efficacement l'action de la potasse. Parfois même on fait usage du savon pour ce travail; mais ce n'est pas indispensable. L'eau seule peut suffire, car il s'agit, avant tout, de faire disparaître des matières dont l'eau est le meilleur dissolvant.

4. Arrangement du linge dans la cuve. — On place au fond de la cuve le linge le plus sale, celui de cuisine. Dans la région moyenne se met le linge fin, draps de lit, chemises, mouchoirs, nappes et serviettes. Là prennent place les pièces tachées de vin. Dans le haut se dispose le linge dont les taches consistent surtout en souillures de matières grasses. Ces souillures, soit d'huile, soit de graisse, sont les plus faciles à enlever par la lessive; et, comme elles n'ont rien à craindre d'une brusque chaleur, on les expose, sous la couche de cendres, à l'action du liquide puisé bouillant dans la chaudière. Le haut est couvert d'une ample et forte toile qui doit servir de filtre, retenir les cendres et les empêcher d'être entraînées au milieu du linge. Enfin sur cette toile les cendres sont étalées en couche d'égale épaisseur.

5. Action de la lessive sur les divers tissus. — On ne soumet à la lessive que le linge, toile, lin et coton. Les tissus de laine et de soie ne supportent pas cette rude opération. La laine, par exemple, est rapidement corrodée par l'âcreté des cendres; elle se fond, pour ainsi dire, dans la lessive, ou du moins s'y ramollit et devient un haillon gluant, qui part en lambeaux entre les doigts. Une flanelle lessivée ne serait plus bonne à rien; elle tomberait en loques au moindre effort. Seuls le chanvre, le lin et le coton résistent à la puissance corrosive des cendres; la laine et la soie, si l'action de la lessive bouillante se prolonge, sont mises en purée.

6. Action de la lessive sur les tissus colorés. — Les tissus colorés, les indiennes notamment, ne supportent pas davantage la lessive. De leurs couleurs, les unes pâliraient, d'autres changeraient de nuance, d'autres encore disparaîtraient totalement. La belle indienne deviendrait un chiffon où les fraîches teintes primitives seraient remplacées par de laides taches. On ne met à la lessive que le linge blanc ; tout ce qui est coloré doit en être exclu.

7. Cendres à employer. — Les cendres utilisées pour la lessive sont celles qui proviennent soit du bois lui-même, soit du charbon de bois. Les meilleures sont celles des fours de boulanger, à cause de leur plus grande richesse en potasse. Le bois compact du tronc d'un arbre et des fortes branches contient moins de potasse, en effet, que le menu branchage et les feuilles. Le combustible des fours, formé de fagots de ramée, fournit donc des cendres meilleures que celles de nos foyers. Enfin les cendres de la houille ou charbon de terre ne valent absolument rien et seraient même nuisibles.

QUESTIONNAIRE

1. Qu'appelle-t-on lessive? — Quelle est la marche générale de cette opération?

2. L'eau froide et l'eau chaude agissent-elles de la même manière sur toutes les taches? — Pourquoi faut-il commencer la lessive par l'action de l'eau froide?

3. Comment se fait le lavage préparatoire à l'eau froide?

4. De quelle façon se dispose le linge dans la cuve à lessive? — Pourquoi met-on dans la couche supérieure le linge à souillures grasses? — Comment se dispose la couche de cendres?

5. Quels sont les tissus qui supportent l'action de la lessive? — Que deviendraient la laine et la soie soumises à la lessive?

6. Peut-on mettre à la lessive les tissus colorés?

7. Quelles cendres emploie-t-on pour la lessive? Quelles sont les meilleures?

CHAPITRE X

REPASSAGE. — EMPESAGE.

1. Repassage. — Soumis à la lessive, puis au savonnage, et finalement séché au soleil sur des cordes tendues, le linge ne remplit pas encore toutes les conditions voulues; il faut, en outre, faire disparaître son aspect chiffonné et le remplacer par des surfaces lisses, mieux conformes aux exigences de l'ordre et du coup d'œil. Il faut enfin qu'un pliage régulier permette de l'empiler méthodiquement dans les armoires, avec économie de l'espace.

Tiraillées dans leurs divers sens, les grosses pièces perdent leurs rides, qu'achève d'effacer la friction de la main à mesure que s'effectue le pliage. Pour les autres, on a recours au *fer à repasser*. Sur la pièce encore un peu moite, ou bien légèrement humectée au préalable si la dessiccation est complète, on passe et repasse le fer chaud, en ayant bien soin de s'informer d'abord de sa température au moyen d'un chiffon d'épreuve sur lequel le fer est frotté chaque fois qu'il vient du fourneau. On évite ainsi les souillures que pourrait communiquer au linge le fer sali par la fumée; on évite surtout le roussi qu'amènerait une chaleur trop forte.

2. Amidon. — Prenons une poignée de farine de froment et réduisons-la en pâte avec un peu d'eau. La pâte faite, pétrissons-la entre les doigts sous un continuel filet d'eau que nous recevons dans un plat. L'eau qui passe sur la pâte et la lave, à mesure que les doigts la pétrissent, la tournent et la retournent, passe d'abord blanche comme lait, preuve qu'elle entraîne quelque chose de la farine. Par le repos, cette matière entraînée s'amasse au fond du plat, où elle forme une mince couche blanche. Ce qui reste entre les doigts, quand l'eau n'enlève plus rien à la pâte, est une substance molle, gluante, qui s'étire à peu près comme de la gomme élastique. Sa couleur est d'un blanc grisâtre, son odeur a quelque chose de fort. Desséchée au soleil, elle devient dure et transparente comme de la corne. On lui donne le nom de *gluten*, pour rappeler son état glutineux, sa viscosité. Nous reviendrons bientôt sur cette matière, d'une importance majeure dans la composition du pain. Quant à la couche blanche amassée au fond du plat recevant les eaux de lavage de la pâte, elle n'est autre chose que de l'*amidon*, le même qui nous sert à l'apprêt du linge.

3. Fabrication industrielle de l'amidon. — L'amidon des repasseuses, celui que l'épicier nous vend en petits morceaux irréguliers, s'obtient en grand par un moyen semblable à celui que nous venons d'indiquer. Des farines de qualité inférieure, avariées, sont réduites en pâte, qu'on lave ensuite. Les eaux blanches de ce lavage déposent, par le repos, une couche d'amidon qu'il suffit de recueillir et de faire sécher. On obtient ainsi de larges galettes, qui d'elles-mêmes se fendillent et se divisent en menus fragments tels que nous les connaissons.

4. Empesage. — Chauffé avec de l'eau, l'amidon se transforme en une colle transparente nommée *empois*. L'empesage du linge est basé sur cette transformation.

Empeser le linge, c'est lui communiquer de la consistance et un état de raideur qui le maintient bien étalé sans plis disgracieux. On soumet à cette opération notamment les devants de chemise, les cols, les manchettes. A cet effet, on mouille légèrement le linge avec de l'eau dans laquelle on a délayé un peu d'amidon. Puis, tandis qu'il est encore humide, on le repasse avec un fer chaud. Toutes les circonstances se trouvent ainsi réunies pour faire naître, dans le tissu même, la matière gommeuse nommée empois : le linge est imprégné d'eau et d'amidon, le fer apporte la chaleur. Sous l'influence de la chaleur, la poussière d'amidon devient empois, qui se dessèche sous le fer chaud, et voilà le linge devenu consistant par son apprêt durci.

QUESTIONNAIRE

1. Qu'est-ce que repasser le linge? — Dans quel but s'effectue le repassage? — Quelles précautions faut-il prendre dans ce travail?
2. D'où provient l'amidon? — Comment peut-on le retirer de la farine? — Comment s'appelle la matière qui reste entre les doigts après complet lavage de la pâte?

3. De quelle manière l'industrie prépare-t-elle l'amidon des repasseuses?

4. Qu'est-ce que l'empois? — Quel est le but de l'empesage? — Quelles pièces soumet-on à cette opération? — Comment se pratique l'empesage? — Que devient l'amidon sous le fer chaud?

CHAPITRE XI

LES TACHES

1. Taches de fruits. — Diverses taches du linge, celles de vin et celles d'encre par exemple, ne s'en vont pas au savonnage ; elles ne disparaissent même pas toujours à la lessive ; mais il y a d'autres moyens de les enlever.

Toutes les taches produites par des fruits à jus rougeâtre, comme les cerises, les groseilles, les raisins, disparaissent aisément par l'exposition au gaz du soufre brûlé, gaz dont nous avons déjà vu l'action décolorante dans le blanchiment de la laine et de la soie.

On mouille le point taché, et l'on expose la tache humide au-dessus d'un petit morceau de soufre allumé. Pour mieux diriger le gaz vers le point voulu, on couvre le soufre d'un petit entonnoir de carton ou de papier faisant office de cheminée. La tache est présentée à l'embouchure supérieure de cet entonnoir. En peu d'instants, la teinte vineuse disparaît et fait place à du blanc. Il ne reste plus qu'à rincer fortement avec de l'eau pure la partie soufrée. Cette précaution prise, la tache ne reparaît plus.

Si la tache est sur une indienne, on peut le plus souvent employer le même moyen, car le gaz du soufre brûlé n'attaque pas la plupart des couleurs du teinturier.

2. Taches de vin. — On emploie avec le même succès une seconde méthode pour les taches de vin et de fruits. Les droguistes vendent un liquide incolore et à odeur forte appelé *eau de javelle*. Ce liquide détruit les couleurs avec une facilité dont aucune autre substance n'approche. Aussi les taches de fruits ou de vin, lavées avec de l'eau de javelle, disparaissent-elles sur-le-champ.

3. Taches d'encre et de rouille. — Ces taches, des plus tenaces, sont de même nature au fond, car l'encre ordinaire contient de la rouille dans sa composition. Pour les enlever, il faut recourir au *sel d'oseille,* que nous vend le droguiste. C'est une matière blanche, d'une saveur aigre très forte. On saupoudre la tache d'encre ou de rouille avec une pincée de cette matière, on humecte largement le tout avec de l'eau, on frotte et on laisse agir quelque temps. Enfin on rince avec de l'eau pure, et la tache disparaît.

4. Précautions à prendre avec les tissus colorés. — Les substances décolorantes énergiques, telles que l'eau de javelle et le sel d'oseille, ne font aucune différence entre les taches que nous voulons enlever et les couleurs déposées sur le tissu par l'indienneur. Que sont ces couleurs, après tout, si ce n'est d'autres taches assorties entre elles et artistement groupées? Le violent décolorant n'attaquera pas les unes sans les autres; la tache de rouille disparaîtra, mais les dessins de l'indienne en souffriront : ils pâliront de teinte, ils s'effaceront même. On ne doit faire agir l'eau de javelle et le sel d'oseille que sur les tissus blancs, sur le linge; car les tissus colorés, les indiennes et autres, perdraient à la fois la tache qui les souille et les teintes qui les parent.

5. Taches des corps gras. — Les taches par les corps gras sont les plus fréquentes; elles sont aussi les plus faciles à nettoyer. Pour décrasser une étoffe à teinture solide, une pièce de drap par exemple, on emploie un liquide clair comme de l'eau, à odeur très vive, qui pique fortement le nez et remplit les yeux de larmes. Ce singulier liquide, qui fait pleurer plus que l'odeur de l'oignon, se nomme *ammoniaque* ou bien *alcali volatil*. Il partage avec la potasse et la soude la propriété de dissoudre les substances grasses, mais il n'attaque pas la laine et la soie comme le font les premières.

On étend l'alcali de plus ou moins d'eau pour en affaiblir la force, et avec une brosse rude trempée dans ce liquide on frotte le point crasseux. La matière grasse se dissout et se laisse alors entraîner sans difficulté par un lavage à l'eau.

6. Taches huileuses sur les tissus délicats. — Pour enlever les taches huileuses, il suffit du savon, ou mieux encore de l'ammoniaque. Mais il peut se faire que le tissu soit de teinture trop délicate pour supporter le savonnage, et encore moins l'action énergique de l'alcali volatil. On a recours alors à la *benzine*, liquide d'odeur aromatique, très facilement inflammable, qu'il faut manier avec précaution, toujours loin du feu et des lampes allumées, pour ne pas s'exposer à d'atroces brûlures. Ce danger écarté, la benzine ne présente pas d'autre inconvénient. La tache, soit d'huile soit de graisse, est dissoute aisément, et le tissu conserve la fraîcheur de ses nuances.

7. Taches de suif, de cire. — Pour enlever une tache de suif, de cire, de matière écoulée des bougies, il suffit, le plus souvent, de quelque doubles de papier buvard sur lesquels on applique un fer chaud. La chaleur fond la cire ou le suif, et le papier boit la matière de la tache.

QUESTIONNAIRE

1. Dites le moyen employé pour enlever, sur le linge, les taches de fruits à suc rougeâtre. — Le même moyen peut-il servir pour les indiennes?

2. Avec quoi s'enlève une tache de vin? — Qu'est-ce que l'eau de javelle?

3. Qu'emploie-t-on pour enlever les taches d'encre et de rouille? — Comment est le sel d'oseille?

4. Peut-on employer l'eau de javelle et le sel d'oseille pour les tissus colorés? — Quel motif s'oppose à cet emploi?

5. Comment décrasse-t-on les étoffes à teinture solide? — Dites les caractères distinctifs de l'ammoniaque. — Comment appelle-t-on encore ce liquide?

6. Avec quoi s'enlèvent les taches huileuses sur les tissus délicats dont les couleurs ne peuvent supporter ni l'ammoniaque ni le savon? — Quelles précautions réclame l'emploi de la benzine?

7. Comment s'enlève une tache de bougie?

LA NOURRITURE

CHAPITRE XII

LE PAIN

1. La farine. — La première des nourritures est le pain, qui s'obtient avec le grain du froment réduit en poudre ou *farine* sous la roue d'un moulin. Nous venons de voir en pétrissant un peu de pâte sous un filet d'eau, que la farine contient deux matières fort différentes : l'*amidon*, que les eaux de lavage entraînent et laissent déposer en une couche blanche ; le *gluten*, qui reste entre les doigts et constitue un masse molle, gluante, élastique. Il y a, en outre, dans la farine une petite quantité de sucre, comme le prouve sa légère saveur douce.

2. Le gluten. — Or, cette substance d'aspect si peu engageant, toute molle, toute visqueuse, qui englue les doigts, ce gluten enfin, est par excellence la matière nutritive de la farine. Par sa nature il diffère à peine de la chair. C'est une espèce de chair végétale qui, par une légère retouche de la digestion, peut devenir notre propre chair. Plus une farine en contient, plus elle est nourrissante. Une farine qui n'en contient que peu ou point n'est pas bonne à donner un pain convenable, d'abord parce qu'elle nourrit trop peu, et en second lieu pour des motifs dont l'explication viendra plus tard. Sur 100 kilogrammes de farine de froment de bonne qualité, il y a 20 kilogrammes et plus de gluten; il n'y en a que 12 environ pour les farines de seigle, d'orge, d'avoine; il n'y en a que 7 pour la farine de riz. Le reste est composé principalement d'amidon pour toutes les farines. Par sa richesse en gluten, le froment est donc à la tête des céréales, et telle est la cause de son incomparable supériorité pour le pain.

3. Pétrissage. — La farine, additionnée peu à peu d'eau tiède et d'un peu de sel, qui relèvera la saveur du pain, est réduite en pâte dans le pétrin. Les poings s'enfoncent tour à tour dans le mélange, qui cède avec un bruit de flic-flac; la pâte est soulevée par larges nappes et retombe lourdement. Or, si l'on se bornait à pétrir la farine avec de l'eau et à mettre au four la pâte telle quelle, on n'obtiendrait qu'une galette serrée, compacte, une sorte de colle durcie, qui rebuterait l'estomac par sa digestion laborieuse. Il faut au pain, pour être facilement digéré, ces trous innombrables dont il est criblé à la manière d'une éponge, ces yeux enfin qui fragmentent la mie en parcelles et rendent plus aisé le travail d'extrême division accompli dans l'estomac. Ce résultat s'obtient de la façon que voici.

4. Levain. — On mélange à la pâte fraîche un peu de vieille pâte mise en réserve lors du pétrissage antérieur et appelée *levain*. Cette vieille pâte a la propriété de faire fermenter le sucre, c'est-à-dire de le dédoubler en alcool et en gaz nommé gaz carbonique.

Levain vient du verbe *lever*, parce qu'à la faveur du levain mélangé avec elle la pâte se soulève, gonflée par le gaz carbonique produit. Le levain est tiède au toucher, à cause du travail de décomposition qui se continue dans sa substance. Il est bombé et très élastique, par suite du gaz emprisonné dans sa masse gluante; il a une odeur pénétrante et vineuse, à cause de l'alcool formé aux dépens du sucre. Telle est la matière qu'il faut mélanger en petite quantité avec la pâte fraîche, au début du pétrissage, pour obtenir le pain tel que nous le désirons.

5. Action du levain. — Le pétrissage fini, le peu de sucre de la pâte se décompose à la faveur du levain, bien également réparti dans toute la masse. Le gaz carbonique produit reste emprisonné, car le gluten se gonfle sous l'expansion du gaz, s'étend en minces membranes et forme une foule de cavités sans issue. De la sorte la pâte lève, se gonfle et devient criblée de petits trous. La cuisson au four augmente encore la porosité, car le gaz, se trouvant retenu par des parois de gluten capables de se distendre à la manière de la gomme élastique, se dilate par la chaleur et rend plus spacieuses les cavités primitives. A sa qualité de matière très nutritive le gluten en joint donc une autre : en retenant le gaz carbonique dans une multitude de cavités de toute grandeur, il rend le pain très poreux, léger et par conséquent de digestion facile.

6. Nécessité d'une douce température. — Pour que le travail de la fermentation s'accomplisse bien, une douce température est indispensable. Cela nous explique l'utilité des couvertures que l'on met sur la pâte, pour lui conserver sa chaleur et la préserver de l'air froid. Si pendant l'action du levain nous appuyons les mains sur la pâte, nous la trouverons tiède et rebondie : la fermentation l'échauffe et le gaz carbonique la gonfle.

QUESTIONNAIRE

1. Quelles sont les substances principales de la farine de froment?

2. Qu'est-ce que le gluten? — D'où proviennent ses hautes propriétés nutritives? — Combien de gluten contient la farine de froment? — Combien en contiennent les autres farines?

3. Comment se fait le pétrissage? — Que serait le pain obtenu simplement avec de la farine et de l'eau? — Quelle condition doit remplir le pain?

4. Qu'est-ce que le levain? — Quelle est sa propriété? — Quel est son aspect?

5. Comment agit le levain une fois bien mélangé avec la pâte? — D'où proviennent les yeux du pain?

6. Quelle précaution faut-il prendre pendant l'action du levain?

CHAPITRE XIII

LES CÉRÉALES

1. Le froment. — Les plus importantes des plantes alimentaires sont les céréales, comprenant le *froment*, le *seigle*, l'*orge*, l'*avoine*, le *riz*, le *maïs*.

Le froment, la seule céréale qui puisse nous donner le pain blanc, supérieur à tout autre, ne vient pas dans tous les pays. Ouvrons notre atlas et parcourons du doigt les régions qui entourent la mer Méditerranée; nous aurons touché aux principales contrées où le froment prospère. Plus au nord, il fait trop froid pour que la culture de la précieuse céréale réussisse; plus au sud, il fait trop chaud.

Ce n'est pas tout. Dans ces régions privilégiées, toutes les terres ne sont pas aptes à donner l'incomparable moisson;

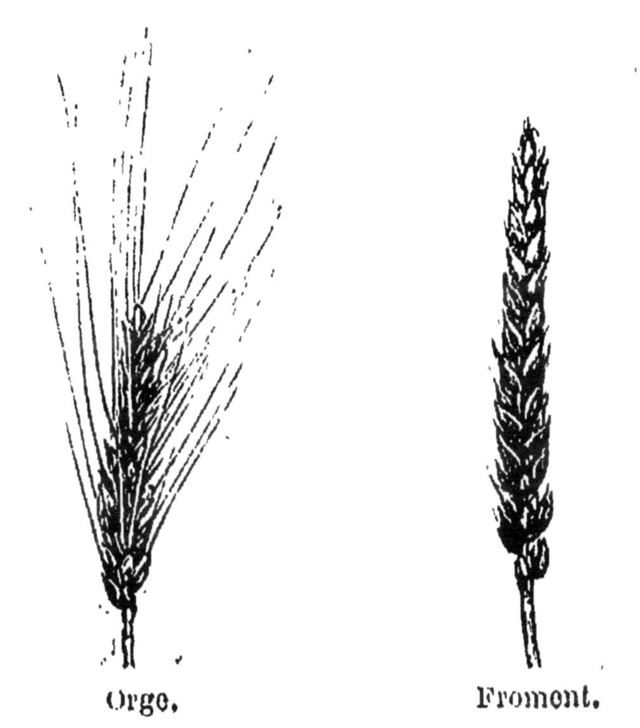

Orge. Froment.

il faut au froment la douce température et le sol fécond des plaines, et non l'âpre climat et les pentes arides des montagnes.

2. Le seigle. — Dans les pays froids

et montueux, on a recours en première ligne au seigle, qui donne un pain serré, brun, lourd, mais en somme préférable à tout autre, celui de froment excepté,

Seigle.

bien entendu. Ce pain de seigle est l'habituelle nourriture des gens de la campagne dans une grande partie de nos départements. La pâtisserie rustique dite *pain d'épice* se prépare avec un mélange de farine de seigle, de farine d'orge et de miel.

3. L'Orge. — C'est une céréale très rus-

tique, qui s'accommode de tous les terrains et prospère jusque dans les pays les plus froids. Son principal emploi est dans la fabrication de la bière. Il peut servir aussi à notre alimentation.

4. L'avoine. — Son grain est la meilleure nourriture des chevaux ; tous nos oiseaux de basse-cour en sont très friands. Réduit en farine, il produit un pain noir, pesant, compact, visqueux, mauvais aliment, utilisé néanmoins dans quelques misérables cantons.

5. Gruau, semoule, orge perlé. — Le grain de froment peut servir tel quel à la nourriture sans avoir été réduit en farine et puis pétri. On se borne à le dépouiller de son écorce en le faisant passer au moulin entre deux meules un peu distantes l'une de l'autre. Les deux meules, n'étant pas assez rapprochées, ne peuvent écraser le froment et le réduire en farine ; elles lui enlèvent simplement la pellicule grossière de la surface, enfin le son. Le résultat de cette opération est le *gruau*, employé pour potages.

On prépare encore du gruau avec de l'orge et de l'avoine. Ce qu'on appelle *orge perlé* est du grain d'orge, arrondi sous la meule en petits globules. Enfin on nomme *semoule*, du gruau à trituration plus avancée et réduit en très petits grains. C'est, en un mot, du froment à demi moulu, ainsi que l'indique l'expression de semoule, signifiant moulu à demi.

6. Le riz. — Le riz est la céréale de l'Orient, en particulier de la Chine, de l'Inde, de la Cochinchine, du Tonkin. On le cultive dans les terrains inondés. Son grain, riche en amidon, mais fort pauvre en gluten, ne peut, en aucune manière, servir à faire du pain. C'est néanmoins un aliment très sain, de digestion facile, convenable surtout pour les personnes qui n'ont pas à faire une grande dépense de force dans des travaux pénibles.

7. Le maïs. — Le maïs est l'habituel aliment de l'Amérique méridionale,

Riz.

comme le riz est celui de l'Asie. Beaucoup l'appellent *blé de Turquie*, dénomination impropre, car la plante nous est venue, non de la Turquie, mais de l'Amérique. Son épi est très gros et se compose

Maïs.

d'une multitude de grains arrondis, volumineux, d'un jaune luisant, pressés l'un contre l'autre en lignes régulières.

On prépare quelquefois avec la farine de maïs des galettes nommées *milliasses*, qui peuvent nous montrer combien diffère du pain de froment ce que l'on obtient avec une farine sans gluten. Ces galettes sont d'un jaune qui promet beaucoup à la vue, mais leur goût ne répond en rien à ces engageantes apparences. C'est un manger grossier, indigeste, qui rebute après quelques bouchées, à moins d'avoir un estomac des plus robustes.

Le maïs est néanmoins un aliment très sain, ressource de grande valeur dans la campagne. Seulement ce n'est pas sous forme de pain imparfait qu'il convient de s'en nourrir. On le réduit en farine, et de cette farine cuite à l'eau résulte une bouillie estimée qui porte le nom de *gaudes*.

QUESTIONNAIRE

1. Dites le nom des céréales. — Quelle est la

plus importante? — Le froment vient-il partout?

2. Où cultive-t-on le seigle? — Quels sont ses usages?

3. Quelle est la céréale la plus robuste? — Quel est le principal emploi de l'orge?

4. Quels sont les usages de l'avoine?

5. Comment s'obtient le gruau? — A quels usages sert-il? — Qu'est-ce que la semoule? — Qu'appelle-t-on orge perlé?

6. Dans quelles régions le riz est-il la principale nourriture? — Peut-on faire du pain avec du riz?

7. D'où nous est venu le maïs? — Comment l'appelle-t-on vulgairement? — Que savez-vous sur les galettes de maïs ou milliasses? — Sous quelle forme le maïs entre-t-il dans notre alimentation? — Qu'appelle-t-on gaudes?

CHAPITRE XIV

PATES ALIMENTAIRES. — FÉCULES.

1. Pâtes alimentaires. — Outre le meilleur des grains, nous devons au froment le *vermicelle*, le *macaroni* et autres préparations analogues, que l'on désigne généralement par le nom de *pâtes alimentaires* ou *pâtes d'Italie*. Ce dernier nom nous apprend que l'usage de ces préparations nous vient de l'Italie, où de nos jours se fabriquent encore les plus estimées.

Le *vermicelle* a quelque ressemblance avec des paquets de longs vermisseaux. Le nom qu'il porte lui vient de cette ressemblance. Le *macaroni* est façonné en longs tuyaux creux. Les *lazagnes* sont en minces lanières, en rubans. Puis il y a des pâtes de toutes sortes de formes pour le potage; il y a des étoiles, des ronds, des ovales, des cœurs, des fleurettes.

2. Fabrication. — Pour fabriquer les pâtes d'Italie, on emploie les blés les plus riches en gluten, cette matière dont les qualités nutritives peuvent se comparer avec celles de la viande elle-même. On pétrit leur farine avec très peu d'eau, de façon à obtenir une pâte ferme, dont on relève le goût et la coloration par un peu de sel et de safran.

Cette pâte est mise dans une caisse en métal dont le fond est percé d'une multitude de trous, tantôt ronds, tantôt annulaires, tantôt étoilés ou configurés en cœur, en fleur, etc., suivant la forme que l'on désire obtenir. Une presse chasse la pâte à travers ces ouvertures et lui en fait prendre les formes. Si le fond est simplement percé de petits trous, il sortira de la caisse de longs filaments ronds qui seront du vermicelle. S'il est percé d'ouvertures en forme d'anneau, on aura pour résultat de gros tubes de macaroni. Enfin si les ouvertures sont de simples fentes, on obtient des rubans, des lazagnes.

Avec des ouvertures taillées en forme d'étoiles, la pâte poussée à travers deviendra des cordons cannelés de rainures; mais ce ne seront pas encore des étoiles comme il les faut pour le potage. On obtient ces étoiles et autres produits analogues en installant un peu de côté, sous la caisse, une large lame tranchante, de forme circulaire, qui se meut avec rapidité et vient, à intervalles très rapprochés, trancher net les cordons de pâte à mesure qu'ils sortent de leurs moules. Chacun des tronçons est une étoile, un cœur, un ovale, une fleur, suivant la forme de l'orifice qui moule le cordon.

3. Fécule. — La pomme de terre, la châtaigne, le pois, le haricot, la lentille, doivent leurs qualités nutritives à une matière farineuse, nommée *fécule*, exactement de même nature que l'amidon des céréales. Cette matière se compose d'innombrables très petits grains contenus dans des cavités excessivement menues dont la chair de la pomme de terre est toute criblée. Ces cavités se nomment *cellules*. Ce sont de très petits sacs formés d'une fine membrane et clos de partout. Bourrées chacune de grains de fécule et serrées l'une contre l'autre, elles composent la substance charnue de la pomme de terre.

4. Fécule de pomme de terre. — Proposons-nous une expérience à notre portée. Il s'agit de retirer la fécule d'une pomme de terre. A cet effet, avec une râpe, on réduit en pulpe le tubercule. Par ce moyen, les cellules s'ouvrent, déchirées. On dispose alors la pulpe sur un linge au-dessus d'un grand verre, on l'arrose avec un filet d'eau, tout en remuant. Les grains, sortis des cellules déchirées, sont entraînés par l'eau à travers les mailles du tissu; les débris des cellules, trop grossiers, restent sur le linge. L'eau de lavage laisse promptement déposer au fond du verre une couche de matière poudreuse, d'un magnifique blanc, qui, pressée entre les doigts, a le craquement d'un sable fin. C'est la fécule de la pomme de terre.

5. Usages de la fécule. — Toute fécule, qu'elle provienne de telle plante ou de telle autre, de telle semence ou de telle racine, est apte, soit par le travail de la végétation, soit par certains artifices de l'homme, à devenir une sorte de sucre appelé *glucose*, différent du sucre ordinaire. Le glucose, à son tour, devient de l'alcool par la fermentation. Dans les pays du Nord, où le froid ne permet pas la culture de la vigne, on prépare des liquides alcooliques avec de la fécule de pomme de terre préalablement changée en glucose. Ces liquides se nomment *eaux-de-vie de pommes de terre*. Toutes les semences et toutes les racines riches en fécule peuvent servir à pareille fabrication.

6. Fécules alimentaires. — Diverses fécules sont précieuses pour les potages. Il y a d'abord la fécule de pomme de terre, qui donne de délicieuses purées. Il y a celles du pois, de la lentille, du haricot. Pour obtenir ces dernières, l'industrie met tremper quelques minutes les pois secs, haricots et autres, dans de l'eau bouillante, pour bien faire gonfler les peaux. Les légumes sont alors desséchés dans une étuve, puis passés entre deux meules assez distantes l'une de l'autre pour enlever les peaux sans toucher au contenu. Ainsi dépouillés de leur écorce, les pois sont finalement réduits en poudre, que l'on nomme *fécule de pois*. Par un moyen semblable on obtient la *fécule de haricots* et la *fécule de lentilles*.

Ces diverses farines sont employées pour les potages. Elles ont toutes les qualités des légumes dont elles proviennent sans en avoir les défauts, c'est-à-dire le désagrément de peaux indigestes qui fatiguent inutilement l'estomac.

QUESTIONNAIRE

1. Quelles sont les principales pâtes alimentaires?

2. Quel froment emploie-t-on pour les obtenir? — Dites quelques mots de leur fabrication. — Comment s'obtiennent les pâtes en étoiles, en cœurs, en ovales?

3. Qu'est-ce que la fécule? — Comment est-elle distribuée dans une pomme de terre?

4. De quelle manière faut-il s'y prendre pour extraire en petit la fécule d'une pomme de terre?

5. Quels changements peut éprouver la fécule? — Que sont les eaux-de-vie de pommes de terre?

6. Citez quelques fécules alimentaires. — Comment s'obtiennent les fécules de pois, de haricots, de lentilles?

CHAPITRE XV

LA VIANDE

1. Viande bouillie. — Le bouillon. — Si le pain est la nourriture la plus usitée, la viande est, à son tour, la plus réconfortante, car il est tout naturel qu'avec de la chair se fasse aisément notre propre chair. Deux modes principaux de préparation sont à distinguer dans ce genre d'aliment : la viande bouillie et la viande rôtie.

Le *bouillon* n'est autre chose que la dissolution dans l'eau des diverses substances solubles de la viande. Une première condition à remplir est par conséquent de ne pas entraver le pouvoir dissolvant de l'eau. Or, il y a dans la viande, en quantité assez considérable, une substance nommée *albumine*, exactement de même nature que le blanc de l'œuf et possédant, comme ce dernier, la propriété de se coaguler, de se durcir à une température peu différente de celle de l'ébullition.

2. Nécessité d'une température lentement élevée. — Une fois durcie par la chaleur, l'albumine est désormais inattaquable par l'eau. Or la viande, disons-nous, est tout imprégnée d'albumine, soluble dans l'eau froide ou modérément chaude, mais coagulable par l'eau bouillante. Si la coagulation, le durcissement de la matière albumineuse, a lieu dans l'épaisseur même du morceau de viande, celui-ci ne peut plus céder son jus à l'eau. Les substances savoureuses et nutritives, retenues en place par l'albumine durcie, restent dans le bouilli sans parvenir à se dissoudre dans le liquide.

Le bouillon est alors défectueux : il manque de saveur et de propriétés réconfortantes. La conséquence de ce principe saute aux yeux : la viande doit être mise dans de l'eau froide, et la température doit s'élever avec lenteur, afin que les substances solubles aient le temps de se dissoudre avant que l'albumine soit coagulée.

3. Effets d'une élévation brusque de température. — Pour gagner du temps, quelques ménagères plongent la viande dans l'eau toute bouillante. Elles disent, et en cela elles ont raison, qu'elles économisent ainsi une heure ou deux. Mais c'est une économie mal entendue, car le bouillon obtenu de cette manière ne peut être que fort médiocre, mauvais même. Saisie par la chaleur soudaine de l'ébullition, la viande ne cède presque rien à l'eau, à cause de l'albumine durcie qui retient dans l'épaisseur de la chair les matières solubles.

En compensation, si le bouillon préparé de la sorte ne vaut pas grand'chose, le bouilli est excellent. Au contraire, avec un bouillon parfait, le bouilli est de médiocre valeur. Il ne peut en être autrement. Si la viande garde son jus, que peut être l'eau dans laquelle elle a bouilli ? Tout au plus une fade tisane. Mais si elle cède toutes les substances savoureuses à l'eau pour faire un excellent bouillon, à son tour que peut être le bouilli? Une insipide nourriture. Si le potage est bon, le bouilli est médiocre ; si le bouilli est savoureux, le potage n'a pas les qualités voulues. On ne peut obtenir l'un et l'autre à la fois ; la chose est évidente.

4. Mauvais effet de l'ébullition soutenue. — Il ne suffit pas de chauffer le pot-au-feu avec une prudente lenteur, afin que la viande ne soit pas surprise et cède aisément ses matières solubles ; il faut encore, une fois qu'il est chaud, se garder de le faire bouillir à gros bouillons ;

la surface du liquide doit simplement se rider par un commencement d'ébullition. En voici la raison : le bouillon de viande doit son agréable odeur, son bouquet spécial, à une substance qui promptement s'évapore et se dissipe par l'ébullition. Si donc le pot bout en tumulte, sans ménagement aucun, l'arome disparaît, entraîné par les vapeurs. Nous retrouverons dans la préparation du café le même inconvénient de l'ébullition.

5. L'écume. — Au début, le pot-au-feu donne abondante écume, provenant de l'albumine dont toute viande est plus ou moins imprégnée. Tant que la chaleur n'est pas trop forte, cette albumine ne se coagule pas, mais se dissout très bien dans le liquide environnant. Elle monte peu à peu à la surface, où elle trouve une température plus élevée, car dans tout liquide chauffé la chaleur la plus forte est toujours au-dessus. Là elle ne tarde pas à se coaguler en produisant des flocons brunâtres, qu'il faut avoir soin d'enlever avec une écumoire à mesure qu'ils s'accumulent.

Si l'albumine était seule, ces flocons d'écume seraient d'un blanc pur, comme l'est le blanc de l'œuf cuit; mais il y a toujours dans la viande quelques traces de sang, que l'albumine entraîne et qu'elle englobe en se coagulant. De ce sang cuit résulte la coloration brune des flocons d'écume.

Ces flocons n'ont d'ailleurs rien de mauvais. On les enlève dans un simple but de bon aspect et de propreté. Le regard a ses exigences, tout comme le goût et l'odorat : il n'aime pas à voir nager dans un bouillon ces milliers de laides parcelles brunâtres que donnerait l'écume non enlevée.

L'écume ne peut se former qu'autant que la chaleur n'est pas assez élevée pour coaguler l'albumine dans l'épaisseur même de la viande. Aussi est-ce au début qu'elle apparaît, avant que l'ébullition arrive. Nous trouvons là un second motif pour chauffer avec lenteur. Si le feu marche trop vite, l'écume est peu abondante, car l'albumine se durcit dans le bouilli lui-même sans pouvoir en sortir. En plongeant la viande dans l'eau bouillante, on n'obtiendrait pas ou presque pas d'écume. Et alors toutes ces déplaisantes impuretés que l'écumoire recueille et rejette resteraient dans le bouilli.

QUESTIONNAIRE

1. Qu'est-ce que le bouillon? — Qu'est-ce que l'albumine de la viande? — Quels effets produit la chaleur sur l'albumine?
2. Pourquoi faut-il que la température du pot-au-feu s'élève lentement?
3. Quels effets produirait une élévation brusque de température? — Que remarquez-vous au sujet de la valeur relative du bouillon et du bouilli?
4. Quel mauvais effet produit une ébullition tumultueuse et soutenue?

5. D'où provient l'écume? — A quel moment apparaît-elle? — Quelle est la cause de sa coloration brune? — Pourquoi la rejette-t-on? — L'écume apparaîtrait-elle avec une chaleur brusque?

CHAPITRE XVI

LA VIANDE

(SUITE)

1. Influence du vase sur la préparation du bouillon. — La préparation d'un bon pot-au-feu est chose si délicate, qu'elle est influencée par la nature même du vase. Auquel des deux donnerons-nous la préférence : au vulgaire pot de terre cuite ou bien à l'ustensile en fer ?

Le vase en métal conduit bien la chaleur ; il transmet aisément à son contenu les ardeurs du foyer, comme aussi il laisse aisément ce contenu se refroidir quand le foyer languit. De là peuvent résulter des variations brusques de température : tantôt le liquide bout en tumulte et tantôt il se calme, pour quelques charbons de plus ou de moins. Ce chauffage inégal est des plus défavorables au succès.

2. Le pot de terre. — Le pot de terre, tout au contraire, conduit mal la chaleur : il ne laisse pas le liquide bouillir pour un coup de feu trop violent survenu à un moment d'oubli ; il empêche ce même liquide de se refroidir rapidement si le foyer vient à languir. La température dans le vase se conserve ainsi longtemps uniforme ; et c'est là précisément, dans cette chaleur toujours égale et toujours modérée, que se trouve la condition première d'un potage réussi. Donc toutes les préférences sont acquises au modeste pot de terre.

3. Viandes rôties. — La conduite du pot-au-feu et la préparation des viandes rôties ont des buts exactement inverses. Pour le bouillon, il faut extraire de la viande, au moyen de l'eau, les sucs sapides et nutritifs. Mieux cette extraction se fait, au moyen de soins minutieux, et meilleur est le potage. Pour le rôti, au contraire, il faut conserver à la viande ses sucs autant que possible, sinon, au lieu d'un morceau juteux, agréable au goût, on obtiendrait, mets aride, privé de saveur. De ces conditions opposées résulte une marche inverse dans l'application de la chaleur.

4. Conduite du feu pour le rôti. — La température du pot-au-feu doit monter lentement, afin que l'albumine ne se coagule pas tout d'abord, ce qui rendrait difficile l'extraction des matières nutritives. Tout au contraire, celle du rôti doit rapidement s'élever, sans exagération toutefois. Il est bon qu'un coup de feu, à flamme vive et claire, agisse dès le début sur le morceau mis en broche. Il se forme ainsi, à la surface, par la coagulation brusque de l'albumine, une couche imperméable qui retient dans la pièce les sucs. Désormais le rôti cuit, pour ainsi dire, dans son jus, protégé qu'il est contre la dessiccation par l'enveloppe que la chaleur a surprise. Un feu vif, toujours bien flambant, est d'ailleurs nécessaire jusqu'à la fin de l'opération.

Si la température s'élevait lentement, la viande se dessécherait, et le rôti perdrait la majeure part de ses mérites. C'est ce qui arrive pour les viandes préparées au four. Le *flambage* vient parfois en aide à la prompte formation de la couche imperméable. On fait couler çà et là sur la pièce les larmes brûlantes d'un morceau de lard enflammé.

5. Conservation de la viande et du gibier. — La viande s'altère rapidement, surtout par les temps chauds et humides. Pour la conserver quelques jours sans recourir à des préparations dont l'étude nous occupera un peu plus loin, il faut la tenir dans des pièces bien aérées, froides et sèches autant que possible. Il faut se précautionner contre certains parasites vivant aux dépens de nos provisions. La surveillance est surtout nécessaire pour le gibier, qui, recouvert de poil ou de plumes, laisse moins bien apercevoir les dégâts.

6. Les mouches. — La viande, le gibier, deviennent la proie des vers. Cette odieuse vermine doit naissance à des mouches qui recherchent la chair pour y déposer leurs œufs. Les deux principales nous sont connues, car nous les voyons voleter souvent à grand bruit contre les carreaux des vitres. La première est d'un bleu sombre, la seconde est grise avec des yeux rougeâtres. L'une et l'autre sont de taille beaucoup plus forte que la mouche ordinaire.

Ces mouches, voilà les ennemis qu'il faut tenir à l'écart et empêcher de déposer leurs œufs sur nos provisions. A cet effet, la viande et le gibier, dont la conservation exige que l'air circule et se renouvelle, seront suspendus dans des cages en toile métallique; et toutes les fois qu'on ouvrira le petit garde-manger, on veillera à ne pas laisser pénétrer quelque mouche bleue, d'habitude aux aguets dans le voisinage. Si l'on enfermait l'ennemi avec les provisions, du jour au lendemain tout serait gâté, tant la ponte de la mouche bleue est nombreuse et rapide. Avec une cage bien close et bien surveillée, le gibier, si faisandé qu'il devienne, sera toujours exempt de vers, à moins qu'il ne fût déjà envahi quand on l'a mis à l'abri de la toile métallique.

QUESTIONNAIRE

1. Quelles différences présente l'ébullition dans un pot de métal et dans un pot de terre?
2. Lequel des deux est préférable pour la préparation du bouillon?
3. Les buts poursuivis dans la préparation du

bouillon et dans celle du rôti sont-ils semblables?

4. Comment doit se conduire le feu pour le rôti dès le début? — Pour quels motifs faut-il un feu vif? — Quel est le résultat du flambage?

5. Quelles précautions faut-il prendre pour conserver quelques jours la viande et le gibier?

6. D'où proviennent les vers qui attaquent parfois nos provisions? — Comment sont les deux principales mouches attaquant les viandes? — Comment en préserve-t-on nos vivres?

CHAPITRE XVII

SALAISON. — FUMIGATION. — BOITES DE CONSERVES.

1. Salaison. — Conserver longtemps la viande sans altérer les qualités qu'elle possède à l'état frais n'est pas dans nos moyens; mais on peut en faire un aliment de quelque durée par divers procédés qui changent la saveur primitive et communiquent l'incorruptibilité. Le plus usité est la salaison, surtout pour la viande de porc, principale ressource des ménages de la campagne. En hiver, alors que la saison sèche et froide se prête mieux que toute autre à la conservation des chairs, le porc est sacrifié. Ses quatre membres deviennent des jambons; sa couche graisseuse sous la peau donne le lard; ses chairs de détail gachées fournissent les saucissons et les saucisses. Toutes ces pièces sont fortement imprégnées de sel et puis soumises à la dessiccation dans un appartement bien aéré. Tout efficace qu'il est, le procédé de la salaison ne donne pas une conservation indéfinie : tôt ou tard, surtout quand viennent les chaleurs, les pièces salées éprouvent, au contact prolongé de l'air, une altération qui les fait rancir et leur communique une saveur détestable.

2. Viandes fumées. — Un autre moyen de conserver la viande consiste dans l'exposition à la fumée. Dans nos campagnes, ce procédé est en usage, mais d'une façon incomplète. Salé comme d'habitude, puis étroitement enveloppé d'une toile qui le préservera des souillures de la suie, le jambon est appendu dans un coin de la cheminée, à l'entrée du canal, où tout l'hiver il reçoit plus ou moins bien les fumées du foyer.

L'industrie obtient beaucoup mieux. Dans un réduit clos, uniquement destiné à cet usage, sont suspendues les pièces d'abord imprégnées de sel. Un foyer, situé en dehors de la chambre à fumigation, est alimenté avec des brindilles, des feuillages donnant abondante fumée. Celle-ci pénètre dans la chambre, qui lui sert en quelque sorte de cheminée, et baigne de partout les pièces suspendues. En peu de jours, dans cette âcre atmosphère, la préparation est suffisante. Ainsi s'obtiennent les saucisses et les jambons fumés.

3. Action de l'air. — Microbes. — L'air est le grand destructeur de nos réserves alimentaires. Il agit par son principe comburant, l'oxygène, qui fait rancir les matières grasses et lentement altère la plupart des substances provenant soit de la plante soit de l'animal. Il agit surtout par ses poussières, qu'on retrouve partout, jusque dans l'air le plus calme et le plus limpide, poussières invisibles sans le secours d'un puissant microscope, les unes inertes et provenant, par exemple, des roches pulvérisées, les autres actives, vivantes. Ces dernières sont des germes, tantôt de moisissures, tantôt d'animalcules et d'infimes végétaux dont il faudrait des milliers et des milliers pour faire la grosseur d'une tête d'épingle. Donnons à ces germes et aux êtres infiniment petits qui en dérivent le nom de *microbes*. Dans nos appartements comme au dehors, l'atmosphère en contient toujours et en nombre immense. Les eaux en contiennent encore plus.

Eh bien, ces germes, ces microbes, voilà les auteurs d'une foule de maladies; voilà, pour ne pas sortir du sujet qui nous occupe, la cause de l'altération putride qu'éprouvent diverses de nos provisions alimentaires. Que ces poussières tombent sur une substance propice à leur développement, et la corruption gagne avec une inconcevable rapidité, tant pullulent vite aux dépens de cette substance les générations de l'infiniment petit.

Citons un exemple qui nous soit familier. Un pot de confiture, même bien clos, se couvre d'un duvet de moisissure; une tranche de melon, abandonnée quelques jours à l'air, se hérisse d'une toison de filaments verdâtres. D'où proviennent ces moisissures qui changent le melon et le contenu du pot en matière pourrie? Elles proviennent de germes déposés par l'air environnant.

Ces détails suffisent. Il est visible maintenant que la meilleure manière de conserver nos provisions, c'est de les soustraire à l'action de l'air et de ses poussières.

4. Conserves alimentaires. — L'industrie se charge de ce délicat travail, impraticable habituellement en nos ménages. Dans des boîtes de fer-blanc elle met des aliments très variés, viandes cuites, poissons, gibier, légumes, fruits, champignons. Tantôt le mets est tout préparé : boîtes de sardines confites dans l'huile, boîtes de choucroute au jambon fumé, qu'il suffit, avant de les ouvrir, de chauffer en les plongeant quelques instants dans de l'eau bouillante ; tantôt la conserve doit entrer comme appoint dans une de nos préparations culinaires : boîtes de champignons, de haricots verts, de pois écossés, immergés dans de l'eau simplement. Convenablement garnies, les boîtes sont fermées d'un couvercle que scelle exactement un peu de soudure. Dans ces conditions de rigoureuse clôture, les poussières du dehors ne peuvent pénétrer ; mais cela ne suffit pas pour prévenir l'altération des matières renfermées. Il faut encore rendre inoffensifs les germes qui peuvent se trouver déjà, soit sur la préparation elle-même, soit dans le peu d'air restant. A cet effet, les boîtes sont chaufféesau bain-marie, c'est-à-dire plongées dans l'eau bouillante, jusqu'à ce que la température de l'ébullition ait bien pénétré dans la masse entière du contenu. A cette température, tous les germes périssent. Ces précautions prises, la conservation des vivres, sans être indéfinie, est du moins très longue. Une soudure parfaite empêche l'arrivée des causes extérieures d'altération, et la chaleur a rendu inertes celles que la boite pouvait déjà contenir.

QUESTIONNAIRE

1. Quel est le moyen le plus usité pour conserver la viande, surtout celle de porc ? — Quelle altération subissent tôt ou tard les viandes salées ?

2. Comment se préparent les viandes fumées ?

3. L'air exerce-t-il une fâcheuse influence sur nos conserves alimentaires ? — Que sont les microbes ? — D'où proviennent les moisissures ?

4. Comment met-on à l'abri de l'air et de ses germes destructeurs les matières alimentaires? — Que savez-vous sur la préparation des boîtes de conserves? — Pourquoi faut-il chauffer ces boîtes à la température de l'ébullition?

CHAPITRE XVIII

POISSONS SALÉS

1. La morue. — La morue est un superbe poisson de l'océan Atlantique. Le dos et les flancs sont d'un gris bleuâtre, avec de nombreuses mouchetures d'un rouge doré, semblables à celles dont la truite est ornée dans nos ruisseaux d'eau vive. Le ventre est d'un blanc d'argent. La mâchoire supérieure est proéminente; de l'inférieure pend un barbillon en forme de ver. C'est un poisson vorace, toujours en quête de nourriture, consistant en menu fretin.

L'un des rendez-vous favoris des bandes de morue est le voisinage de Terre-

8.

Neuve, grande île des mers qui baignent les côtes orientales de l'Amérique du Nord. A proximité de cette île est une vaste étendue de mer peu profonde appelée banc de Terre-Neuve. Là se rendent dans la belle saison, attirées par abon-

La Morue.

dante pâture, des myriades de morues venues des profondeurs des mers du Nord. Là se rendent aussi des pêcheurs de diverses nations.

2. Pêche de la morue. — Ce n'est pas ici la mesquine pêche que nous voyons quelquefois pratiquer au bord de nos rivières ; on n'attend pas des heures et puis des heures, sous l'ombrage d'un saule, qu'un mauvais carpillon vienne mordre l'hameçon amorcé d'un ver. La pêche à Terre-Neuve marche autrement vite : c'est à pleins navires que se prend la morue. Pour sa part, la France expédie chaque année de quatre à cinq cents navires avec un équipage d'une quinzaine de mille hommes, pour les diverses grandes pêches, dont celle de la morue est la principale.

Dès la pointe du jour, les canots quittent le navire et vont prendre place, qui d'un côté qui de l'autre, aux endroits favorables. De droite et de gauche de l'embarcation pendent des lignes, solides cordons de chanvre dont l'extrémité porte un croc de fer ou hameçon recouvert d'un appât, consistant en un petit poisson. Les voraces morues accourent à la vue des victuailles, et gloutonnement, en une fois, avalent tout, croc et appât. Le pêcheur retire à lui le cordon, et la capture suit, le gosier transpercé par l'hameçon. A peine la ligne, de nouveau amorcée, est-elle rejetée à l'eau, qu'une autre morue est prise. Le soir, le canot est plein jusqu'aux bords de magnifiques poissons dont la taille moyenne est de un mètre et le poids de sept à huit kilogrammes.

3. Salaison des morues. — La préparation de la pêche se fait à bord des navires. Avec un large coutelas, un pêcheur tranche les têtes, de trop peu de valeur à cause des os. Un autre fend en long, suivant la ligne du ventre, les morues décapitées ; un troisième extrait les entrailles, en ayant soin de mettre à part le foie ; un quatrième les aplatit, de façon à faire de la morue une plaque, large d'un bout, amincie de l'autre; un cinquième les frotte de sel et les empile. Convenablement imprégnées de sel, les morues sont exposées au soleil sur la plage, jusqu'à suffisante dessiccation.

Quant aux foies mis à part, on en remplit un tonneau qu'on laisse exposé à l'air. La pourriture gagne la masse, et il surnage une graisse liquide nommée *huile de foie* de morue. Cette huile est soigneusement recueillie, car elle est de grand renom en médecine.

4. Sardines. — C'est par bandes immenses, appelées *bancs*, que les sardines se montrent à certaines époques de l'année, tant dans la Méditerranée que dans l'Océan. La principale pêche se fait sur les côtes de la Bretagne, au moyen de filets verticaux, dans les mailles desquels les poissons se prennent, retenus par les ouïes.

Les sardines se conservent de deux manières. Celle qui fournit le mets le plus estimé consiste à mettre le poisson en boîtes de fer-blanc. La tête et les entrailles sont rejetées; puis les sardines sont cuites à point, assaisonnées et rangées avec ordre dans des boîtes que l'on achève de remplir avec de l'huile d'olive. Une fois le couvercle soudé, la préparation est soumise au bain-marie, comme nous l'avons dit plus haut. Ainsi s'obtiennent les boîtes de sardines, d'un usage si fréquent aujourd'hui.

Dans la seconde méthode, donnant un mets de médiocre valeur, on ne rejette rien. Le poisson entier est salé et empilé à rangs pressés dans un tonneau.

5. Anchois. — Ce petit poisson, bien plus petit que la sardine, n'apparaît guère sur nos tables que comme condiment. On le pêche dans la Méditerranée. Pour le conserver, on en remplit des barillets par couches avec du gros sel. Les humeurs du poisson et le sel fondu forment un liquide, dit *saumure*, dans lequel baignent les anchois.

6. Harengs. — Comme la sardine, qu'il dépasse pour la taille, le hareng vit et voyage par bandes énormes. On le pêche uniquement dans l'Océan. Tantôt on le sale, empilé dans des tonneaux ; tantôt on le soumet à la fumigation. Le hareng salé conserve la couleur argentée du poisson vivant ; le hareng fumé devient roussâtre, en quelques points doré.

QUESTIONNAIRE

1. Comment est la morue à l'état vivant? — Quel est le lieu le plus fréquenté par ce poisson?

2. De quelle manière se pratique la pêche de la morue? — Quel est le poids moyen d'une morue?

3. Comment s'opère la salaison de ce poisson? — Que fait-on des foies?

4. Où se pêche la sardine? — De quelle manière se préparent les sardines en boîtes? — Quelle est l'autre manière de conserver les sardines?

5. Où se pêche l'anchois? — Quelle préparation lui fait-on subir?

6. Où se pêche le hareng? — Quels modes de préparation emploie-t-on pour le conserver?

CHAPITRE XIX

GRAISSE. — BEURRE.

1. Lard. — Le corps du porc est recouvert d'une épaisse couche de matière grasse, à consistance ferme, qui prend le nom de *lard*. Salée, cette couche graisseuse se conserve assez longtemps avant de rancir et sert dans une foule de préparations culinaires. A cause de sa consistance, le lard se divise aisément en lanières longues et minces, en *aiguillèttes* qui servent à piquer les viandes et les grosses volailles ; il se partage en lames ou *bardes* avec lesquelles s'enveloppent les mêmes pièces. Fondu par morceaux, il fournit la graisse nécessaire si fréquemment à la préparation de nos mets.

2. Graisse. — Saindoux. — A l'intérieur, le porc est également riche en matières grasses. La plupart des organes sont enveloppés d'amas graisseux que l'on désigne sous le nom de *panne*. Cette

Porc.

graisse intérieure, découpée par morceaux, fondue et séparée des restes non fusibles ou *cretons*, fournit le *saindoux*, que l'on conserve dans des jarres avec un peu de sel au fond. L'huile, le beurre et le saindoux, voilà les trois corps gras dont la cuisine fait si copieux usage.

L'intérieur du mouton et du bœuf contient aussi des amas graisseux, mais d'odeur déplaisante qui les fait rejeter de l'alimentation. On leur donne le nom de *suif*. L'industrie fait servir le suif à la fabrication du savon et des bougies.

3. Graisse d'oie. — L'oie est élevée principalement en vue de sa graisse, très fine, savoureuse et rivalisant avec le beurre pour les usages culinaires. Fondue, elle est mise dans des pots en grès ou dans des bouteilles bien bouchées, où elle conserve pendant près de deux ans sa couleur et son bon goût. Quant à la chair, regardée comme produit accessoire, elle est salée et conservée ainsi que cela se pratique pour la viande de porc. La région qui a pour centre Toulouse est la plus renommée en ce genre d'industrie agricole.

4. Engraissement de l'oie. — Quand on veut le pousser à son extrême limite, l'engraissement de l'oie exige certaines conditions fondamentales : nourriture aussi copieuse que peut la supporter l'estomac, repos complet et somnolence presque continuelle. Assistons à la mé-

Oie.

thode toulousaine. Les oies sont renfermées dans un endroit obscur, frais sans être humide, d'où elles ne puissent entendre les bruits de la basse-cour : les coups de trompette de leurs compagnes libres éveilleraient en elles de fâcheux regrets, défavorables à la digestion.

Trois fois par jour l'engraisseuse, assise sur une chaise basse, les prend une à une entre ses genoux de façon à maitriser leurs mouvements. Elle leur ouvre de force le bec, et introduit assez avant dans le gosier le tube d'un entonnoir en fer-blanc. L'oiseau proteste contre cette manière irrésistible de faire avaler. L'engraisseuse ne s'en soucie ; tout ce qui lui importe, c'est de ne pas blesser l'oie pendant l'opération. Au reste, pour que la machine glisse mieux, elle a eu soin d'huiler un peu le bout du tube.

Une poignée de maïs est versée dans l'entonnoir ; et comme les grains ne descendraient pas seuls, l'oiseau contractant la partie du gosier que n'atteint pas le tube, l'engraisseuse les pousse à petits coups dans le jabot avec un refouloir de bois ; elle bourre de maïs, c'est le mot, l'estomac de la patiente. De temps en temps un peu d'eau froide vient en aide à cette pénible déglutition. Quand le jabot est plein, ce que reconnaît la main au toucher, l'oiseau est lâché : un autre prend sa place, et, bon gré, mal gré, embouche l'entonnoir.

Pendant les trente-cinq jours que dure ce genre d'alimentation, une oie consomme quarante litres de maïs, un peu plus d'un litre par jour. Loin de se rebuter, bourrée qu'elle est à coups de refouloir, l'oie s'habitue à ce régime, y prend même goût, et, sur la fin de l'opération, se présente d'elle-même et ouvre le bec pour recevoir l'entonnoir.

5. La crème. — Abandonné au repos dans un lieu frais et au contact de l'air, le lait se couvre, plus tôt ou plus tard suivant la saison, d'une couche onctueuse qui prend le nom de *crème*. Voilà la matière grasse du lait, la matière à beurre. Elle se sépare du reste et monte d'elle-même à la surface, comme monterait de l'huile qu'on aurait fortement battue avec de l'eau. La crème est d'un blanc jaunâtre, onctueuse au toucher à cause de sa matière grasse, d'une saveur douce et très agréable, qui tient à la fois de celle du beurre et du fromage frais. C'est un manger des plus exquis.

6. Préparation du beurre. — Dans la crème, les particules de beurre sont simplement groupées à côté l'une de l'autre, sans faire corps ensemble. D'ailleurs une couche d'humidité, provenant du lait, les isole et les empêche de se réunir. Pour faire de toutes ces particules une masse compacte, une motte de beurre, il faut en exprimer le lait et les pétrir, les agglomérer ensemble. On y parvient par un battage prolongé. L'instrument employé s'appelle *baratte.*

C'est une espèce de tonnelet plus large à la base, plus étroit au sommet. Le couvercle supérieur est percé d'un orifice dans lequel s'engage un bâton terminé, à l'intérieur de la baratte, par un plateau de bois rond et percé de trous. La crème étant jetée au fond de la baratte, on prend la tige des deux mains, et tour à tour, à coups pressés, on la soulève et on l'enfonce, de manière que la planchette terminale monte et descende dans la masse crémeuse. Par ce battage prolongé, les parcelles grasses se soudent l'une à l'autre et deviennent le beurre, qu'on retire de la baratte pour le mettre dans de l'eau fraîche, dans laquelle on le pétrit et le repétrit avec une large cuiller en bois, afin d'en chasser le lait qui l'imprègne encore.

7. Conservation du beurre. — Si le beurre doit être prochainement consommé, il suffit de le tenir dans de l'eau que l'on renouvelle chaque jour, pour le conserver frais et l'empêcher de s'aigrir. Mais si l'on se propose d'en faire provision de longue durée, il faut recourir à des moyens de conservation plus efficaces.

Le plus simple consiste à pétrir le beurre avec du sel de cuisine bien séché au four et réduit en poudre fine. Après la salaison, le beurre est mis dans des pots de terre, et l'on couvre sa surface d'une couche de sel.

8. Beurre fondu. — Une autre méthode de conservation consiste à fondre le beurre dans un chaudron d'une rigoureuse propreté, sur un feu clair, égal et modéré. L'humidité se dégage en vapeurs, dont on favorise la formation en agitant la masse fondue. Une écume monte à la surface : on la rejette avec une écumoire ; d'autres matières s'amassent au fond du chaudron. Lorsque le beurre fondu a pris une transparence semblable à celle de l'huile par le dépôt de ses impuretés, on le transvase par cuillerées dans des pots de petite capacité et d'étroit orifice, afin de restreindre autant que possible l'accès de l'air. Il est prudent, en outre, de mettre au-dessus du beurre, une fois qu'il est figé, une couche de sel, comme on le fait pour le beurre salé. Finalement on ferme les pots avec un parchemin ficelé.

QUESTIONNAIRE

1. D'où provient le lard? — Quels sont ses usages?

2. Comment s'obtient le saindoux? — A quels usages sert le suif?

3. Que savez-vous sur la graisse d'oie? — Dans quelle région cette graisse est-elle surtout employée?

4. De quelle façon se conduit l'engraissement de l'oie?

5. Avec quoi se fait le beurre? — Comment la crème se sépare-t-elle du lait?

6. Que faut-il pour que la crème devienne du beurre? — Décrivez la baratte.

7. Quels soins réclame le beurre pour ne pas aigrir? — Comment se prépare le beurre salé?

8. De quelle façon se traite le beurre destiné à une longue conservation?

CHAPITRE XX

L'HUILE

1. L'olivier. — L'huile se retire de diverses semences et de certains fruits. La plus estimée pour la table est celle que nous donne l'olive, ou fruit de l'olivier. Cet arbre précieux craint les hivers du nord et ne prospère chez nous qu'en Provence et en Languedoc, surtout dans les départements limitrophes ou voisins de la Méditerranée. Son élévation est médiocre; sa tête est arrondie, peu touffue, pauvre d'ombrage; ses feuilles sont étroites, coriaces, d'un vert cendré, et ne tombent pas en hiver.

2. L'olive. — L'olive est d'abord verte.

Sa chair, recouvrant un noyau fort dur,

Olivier.

pointu aux deux bouts, est bien, par son âcreté, le plus détestable manger quand elle n'a pas subi une énergique préparation au moyen de la potasse, de la lessive de cendres. Par un séjour de quelques heures dans ce liquide caustique, les olives vertes perdent leur mauvais goût. Il ne reste plus qu'à les débarrasser de la lessive qui les imprègne, par des lavages prolongés à l'eau pure. Enfin les olives, alors d'un brun vert et d'un goût agréable, sont tenues dans de l'eau additionnée de sel, qui en assure la conservation et en relève le goût. Ainsi se préparent les olives à la *picholine*, comme disent les Provençaux.

Plus tard, quand viennent les froids de novembre et de décembre, les olives passent au rougeâtre et finalement au noir. Alors la peau se ride, la chair mûrit et perd son âcreté. C'est le moment de la récolte pour l'huile.

Les olives noires, bien mûres et ridées, à la rigueur sont mangeables telles que l'arbre les donne, malgré un reste d'âpreté qu'elles perdent difficilement en entier. Pour les améliorer, on les pique avec les dents d'une fourchette, on les sale légèrement, on les arrose de quelques gouttes d'huile et on les tient dans un pot en les remuant de temps à autre. En quelques jours elles sont bonnes à manger. D'autres fois on se borne à les tenir dans l'eau salée.

3. Huile d'olive. — Mais c'est avant tout à l'extraction de l'huile que la récolte est destinée. Les olives sont portées au moulin, où, après avoir été écrasées sous des meules, on les presse à froid. Par cette première pression on obtient l'*huile fine,* ou *huile vierge,* la plus estimée de toutes. Soumises à l'action de l'eau chaude et pressées une seconde fois, les olives fournissent une huile de deuxième qualité. Enfin le marc, mélangé avec les olives détériorées, piquées des vers et tombées seules de l'arbre, donne l'*huile d'enfer,* de trop mauvais goût pour servir aux usages de la cuisine, mais utilisée pour l'éclairage et la fabrication du

Noyer.

savon. Le résidu final forme les *tourteaux*, excellent combustible pour le foyer.

4. Huile de noix. — Cassons une

noix sèche, prenons un quartier de la semence et approchons-le de la flamme d'une lampe. Nous le verrons prendre feu et brûler avec une belle flamme blanche, alimentée par un jus huileux qui suinte à mesure que la chaleur gagne. Il y a donc de l'huile dans la noix. Pour l'extraire on casse les fruits, on les épluche, et les semences sont soumises à une forte pression. Récemment préparée, l'huile de noix plaît au goût et convient aux usages de la cuisine; mais elle rancit vite et contracte, en vieillissant, une saveur âcre et forte.

5. Huile de sésame. — Le *sésame* est une plante herbacée, que l'on cultive surtout en Amérique et en Égypte. Ses graines fournissent une huile fort douce, dont les qualités se rapprochent de celles de l'huile d'olive. L'huile de sésame n'est guère employée directement chez nous; mais on la mélange parfois avec l'huile d'olive, d'un prix plus élevé.

6. Huile d'œillette. — Les têtes ou capsules du *pavot* sont remplies de très fines semences qui fournissent une huile assez estimée, connue sous le nom d'*huile d'œillette*. Les mêmes capsules contiennent de l'*opium*, dangereuse matière qui à petite dose fait dormir, et à plus forte dose tue ; mais ce poison redoutable ne se trouve que dans la coque même du fruit, et nullement dans les graines. L'huile extraite de ces dernières peut donc servir, sans danger aucun, aux usages de la cuisine.

7. Huile de colza et de navette. — Le *colza* et la *navette* sont deux sortes de choux à petites feuilles, principalement cultivés dans le Nord. Leurs fines semences donnent l'*huile de colza* et l'*huile de navette*, employées pour l'éclairage et certains travaux de l'industrie, mais que leur mauvais goût, quand elles ne sont pas d'une grande fraîcheur, proscrit des préparations culinaires.

8. Huile de faîne. — Un grand arbre

Colza.

de nos forêts, le hêtre, a pour fruit une

coque à quatre pièces hérissées de piquants, qui bâillent à la maturité et lais-

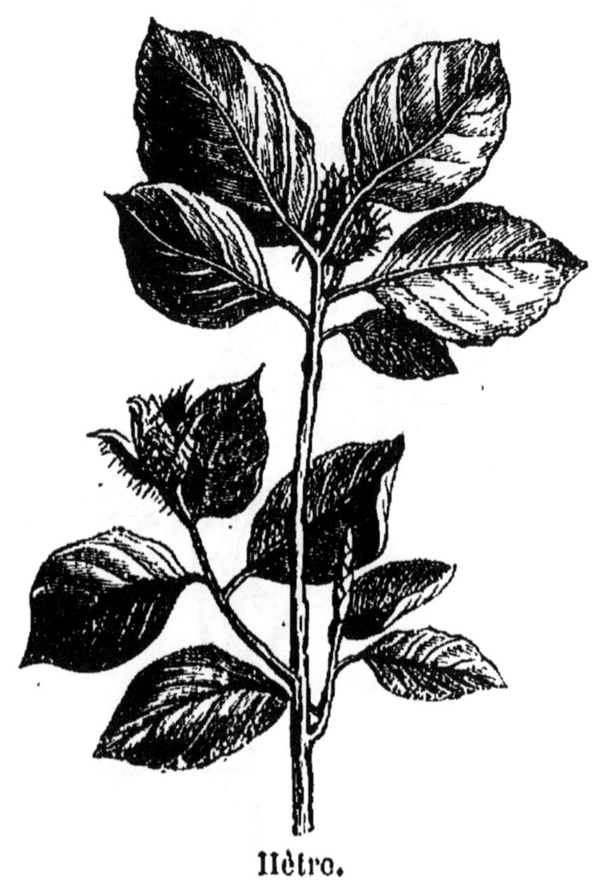

Hêtre.

sent échapper de petites amandes brunes, triangulaires, nommées *faînes*. La graine de cette amande est huileuse et d'un goût savoureux qui plaît ; mais son abus ne tarde pas à provoquer une violente migraine. De la faîne se retire une huile qui se conserve sans rancir pendant plusieurs années et trouve son emploi tant dans l'alimentation que dans l'éclairage.

QUESTIONNAIRE

1. Comment est l'olivier? — Dans quelles régions prospère-t-il?

2. L'olive verte est-elle mangeable telle que l'arbre la fournit? — Quelle préparation doivent subir les olives vertes? — Comment se préparent les olives noires?

3. De quelle manière s'extrait l'huile des olives? — Que nomme-t-on huile vierge, huile d'enfer?

4. Que savez-vous sur l'huile de noix?

5. Qu'est-ce que l'huile de césame? — Quel est son emploi?

6. Qu'appelle-t-on huile d'œillette? — Que contient l'écorce même de la tête de pavot? — L'huile de pavot est-elle dangereuse?

7. D'où proviennent l'huile de colza et l'huile de navette?

8. Qu'est-ce que la faîne? — Qu'en retire-t-on?

CHAPITRE XXI

LE LAIT

1. Altération du lait. — Le lait, cette précieuse ressource alimentaire du jeune âge et souvent aussi de l'âge mûr, est sujet à un genre d'altération très remarquable. Parfois il *tourne,* comme on dit; en d'autres termes, il se caille. Pourquoi cela? Nous allons le voir.

Ayons un verre de lait tout frais, d'une fluidité irréprochable, sans la moindre trace de caillé. Exprimons-y quelques gouttes de jus de citron. Aussitôt un profond changement s'effectue : une partie du lait se caille et monte à la surface en épais flocons blancs; une autre partie reste liquide, mais en perdant sa blancheur et devenant semblable à de l'eau un peu trouble. Si le verre est laissé quelque temps en repos, le caillé s'amasse en un bloc et nage dans un liquide clair.

Le même résultat s'obtiendrait avec une foule d'autres substances, le vinaigre par exemple, le suc des raisins verts, le suc des feuilles de l'oseille. D'une manière générale, toutes les substances à saveur aigre font tourner le lait.

2. Soins à prendre. — La propreté en toute chose est la première vertu du ménage, mais c'est surtout à l'égard du lait qu'elle doit être scrupuleusement observée. Les vases destinés à le contenir et à le conserver quelque temps seront chaque fois nettoyés à fond avec beaucoup de soin, si l'on ne veut s'exposer à le voir tourner. Supposons, en effet, qu'il reste dans les recoins d'un pot soit quelques gouttes de lait vieux, soit quelques traces de matières alimentaires quelconques. Ces impuretés ne tardent pas à s'aigrir, surtout par un temps chaud; et le lait, trouvant dans le vase une matière acide, se gâte et tourne. Que de fois nous accusons de cet accident la qualité du lait, lorsque c'est notre défaut de soin qui en est cause!

A la vigilance sur la propreté ajoutons une autre précaution. Il convient de chauffer quelques instants le lait. Après une courte ébullition, il se conserve mieux.

D'ailleurs le lait non bouilli, surtout celui de la vache, nous expose parfois à une terrible maladie. Il peut nous rendre poitrinaires.

3. Composition du lait. — Le lait contient trois substances principales, savoir : la *crème*, ou matière grasse avec laquelle se prépare le beurre; la *caséine* ou *caillé*, la matière principale du fromage; enfin une substance à saveur légèrement douce et que l'on nomme *sucre* *de lait*. Ces trois matières enlevées, le reste n'est guère que de l'eau.

Nous savons déjà comment le lait laissé en repos se couvre d'une couche de crème, que l'on enlève avec une écumoire pour la mettre dans une baratte, où elle deviendra beurre par un battage prolongé. Ce qui reste après l'enlèvement de la crème est le lait *écrémé*, de même blancheur, de même aspect que le lait primitif, mais privé de sa matière grasse.

Si dans le lait écrémé sont versées quelques gouttes d'un liquide aigre, d'épais flocons blancs se forment. Ces flocons sont le caillé, la caséine, enfin la matière fondamentale du fromage.

Une fois la caséine recueillie, il ne reste plus qu'un liquide transparent, que l'on prendrait pour de l'eau un peu teintée de jaune. Ce liquide se nomme *petit-lait*. Il ne contient guère que de l'eau avec une petite quantité de *sucre de lait*, qui lui donne une légère saveur douce.

La caséine et la crème sont, par excellence, les matières nutritives du lait et les seules utilisées dans le ménage ; le sucre de lait n'a d'emploi qu'en pharmacie. Les qualités alimentaires sont donc proportionnées à l'abondance de la crème et de la caséine. Le lait qui en contient le plus est celui de brebis ; vient après celui de chèvre et enfin celui de vache. De digestion plus facile que celui de brebis, le lait de chèvre a la préférence pour les usages domestiques.

4. Aigrissement du lait. — Quoique de très peu de valeur pour nous, le sucre de lait mérite de nous occuper un instant, à cause de l'altération qu'il éprouve, au grand dommage du lait. Peu à peu, surtout sous l'influence des chaleurs de l'été, cette matière sucrée devient aigre, se change en acide nommé *acide lactique*. Telle est la cause qui fait aigrir le lait trop longtemps conservé. Il est bien entendu que lorsque cette aigreur se déclare, le lait ne tarde pas à tourner. Un caillot de caséine apparaît comme par l'addition artificielle d'un acide. Alors, pour conserver quelque temps le lait et l'empêcher de s'aigrir tout seul, il faut entraver la conversion du sucre de lait en acide. On y parvient en ayant soin de faire bouillir le lait un peu chaque jour.

QUESTIONNAIRE

1. A quelle altération le lait est-il sujet? — Quelles sont les substances qui font tourner le lait?

2. Quels soins exige la conservation du lait? — A quel danger nous expose le lait de vache non bouilli?

3. De quoi se compose le lait? — Quelles sont les substances éminemment nutritives? — Que nomme-t-on petit-lait? — Quel est le lait le plus riche en crème et en caséine? — Quel est le plus usité pour les usages domestiques?

4. Quelle est la cause de l'aigrissement du lait? — Comment retarde-t-on cet aigrissement?

CHAPITRE XXII

LE VIN

1. Glucose. — Le vin se fait avec le jus des raisins. Ce jus, tel qu'on l'extrait de la grappe pressée, n'a nullement l'odeur et la saveur vineuses, mais il possède un goût agréablement doux, qui donne aux raisins leurs qualités de fruits de table et provient d'une sorte de sucre nommé *glucose*. Examinons avec attention les raisins secs que nous vend l'épicier : nous reconnaîtrons à leur surface de petits grains blancs qui craquent sous la dent et sont de saveur très douce. Voilà le glucose, qui, pendant la dessiccation de la grappe, a transpiré au dehors.

2. Alcool. — Lorsqu'on met chauffer

du vin, d'abord des vapeurs se dégagent, susceptibles de prendre feu et de brûler

Vigne et raisin.

avec une flamme bleuâtre. Il suffit d'avoir vu une fois préparer du vin chaud pour se rappeler cette curieuse flamme

qui s'échappe du vase en ébullition et voltige sur le liquide en languettes bleues. Ces vapeurs inflammables proviennent de l'*alcool,* liquide qui donne au vin ses propriétés, et pour ce motif porte le nom vulgaire d'*esprit-de-vin*. Le vin ordinaire contient de huit à dix litres d'alcool sur cent litres; le reste n'est guère que de l'eau provenant directement des raisins.

3. Vinification. — La vendange est d'abord soumise au *foulage* par des hommes qui la piétinent dans de grands cuviers; puis le mélange de jus et de pulpe est abandonné à son propre travail. Bientôt cette purée liquide s'échauffe toute seule et se met à bouillonner en dégageant de grosses bulles gazeuses, comme si elle recevait la chaleur de quelque foyer. Le travail qui se passe alors, pareil à celui que nous a montré la pâte pour le pain, se nomme *fermentation;* il s'effectue aux dépens du glucose, qui, petit à petit, se décompose et se partage en deux choses bien différentes. L'une de ces choses est l'alcool, l'autre est du gaz carbonique, invisible comme l'air. L'alcool reste dans le liquide, qui perd ainsi sa saveur douce primitive et prend à la place le goût vineux. Le gaz, au contraire, monte en agitant la masse d'un mouvement tumultueux, pareil à celui de l'eau qui bout; il apparaît en bulles à la surface et se dissipe dans l'atmosphère.

Quand le travail de fermentation est achevé, on soutire le vin pour le séparer du marc avec lequel il est mélangé. Le liquide est alors composé d'une grande quantité d'eau provenant des raisins eux-mêmes, d'une petite proportion d'alcool fourni par le glucose détruit, enfin d'une matière colorante donnée par la peau des raisins noirs.

4. Aigrissement du vin. — Le glucose ou sucre se change en alcool; l'alcool à son tour se change en vinaigre; et comme le sucre est l'origine de l'alcool, c'est le sucre, en définitive, qui devient vinaigre. L'opposé produit l'opposé, le doux donne naissance à l'aigre. Si l'on abandonne sur une étagère une bouteille de vin entamée et non bouchée, en peu de jours, pendant les chaleurs de l'été, le vin tournera à l'aigre. Le commencement de cette altération s'annonce par des pellicules blanches qui flottent en fines parcelles à la surface du liquide et prennent le nom de *fleurs du vin*. Cette infime moisissure est un agent actif d'aigrissement. A la condition d'être en contact avec l'air et d'en recevoir la poussière, où ne manquent jamais des germes destructeurs, le vin s'aigrit donc, surtout lorsqu'une douce température favorise le travail de décomposition de son alcool.

5. Précautions à prendre. — Cela nous explique les soins à prendre pour conserver le vin et l'empêcher de s'aigrir. S'il est en bouteilles, en dames-jeannes, il faut que ces bouteilles, ces dames-jeannes, soient exactement closes avec de bons bouchons de liège. Si la clôture est imparfaite, si les bouchons sont mauvais, l'air pénètre, et le vin court risque de s'aigrir. Comme le liège est toujours plus ou moins perméable à l'air, on couvre de cire d'Espagne le sommet des bouchons, quand il s'agit de vins destinés à une longue conservation; en un mot, on cachette les bouteilles.

Cachetées ou non, les bouteilles doivent être toujours tenues couchées, soit sur des supports spéciaux, soit tout simplement sur un lit de sable. En voici la raison. Dans la position couchée, le bouchon, toujours en contact avec le vin, se maintient humide, gonfle, et de la sorte ferme exactement le goulot. Dans la position droite de la bouteille, le liège, au contraire, sans contact avec le liquide, se dessèche, se contracte plus ou moins, et par suite ferme mal.

En somme, pour conserver le vin, il faut, avant tout, empêcher l'air d'arriver jusqu'à lui. Une dame-jeanne, un tonneau entamé, que l'on ouvre journellement pour y puiser à mesure des besoins, ne tardent pas à s'aigrir, surtout en été. Si la consommation doit durer longtemps, leur contenu doit être mis dans des bouteilles soigneusement bouchées et couchées sur le sable.

6. Vins mousseux. — Pour être mousseux, le vin doit être mis en bouteille avant que la fermentation soit achevée. Le gaz carbonique, continuant à se former et ne trouvant pas d'issue à cause du solide bouchon qui lui ferme le passage, se dissout dans le liquide et s'y accumule, mais en faisant toujours effort pour s'échapper. C'est lui qui fait sauter le bouchon avec explosion quand on coupe la ficelle qui le maintenait solidement en place; c'est lui qui entraîne le liquide en flots mousseux hors de la bouteille débouchée, et recouvre le vin versé dans le verre d'une couche d'écume, où bruit un léger pétillement causé par les bulles gazeuses crevant à l'air; c'est enfin lui qui donne à la boisson une agréable saveur aigrelette piquant le nez.

QUESTIONNAIRE

1. A quelle substance le raisin mûr doit-il sa douce saveur?

2. Comment se nomme le principe inflammable du vin? — Combien y a-t-il d'alcool dans le vin ordinaire?

3. De quelle manière s'obtient le vin? — Que se passe-t-il pendant la fermentation? — Quel changement éprouve le glucose?

4. Que se passe-t-il quand le vin aigrit? — Par quoi l'aigrissement est-il provoqué? — Que sont les pellicules dites fleurs du vin?

5. Quelles précautions faut-il prendre pour empêcher le vin de s'aigrir? — Pourquoi convient-il de cacheter les bouteilles? — Pour quel motif faut-il les tenir couchées?

6. Comment s'obtient le vin mousseux? — D'où proviennent ses qualités?

CHAPITRE XXIII

RAISINÉ. — VIN CUIT. — VINAIGRE.

1. Raisiné. — Le jus des raisins obtenu par le foulage de la vendange se nomme *moût*. C'est un liquide d'un rouge vineux foncé, d'une saveur très douce, mais de peu de durée, car la fermentation survient bientôt et convertit le sucre en alcool. Pour prévenir ce changement, on porte le moût à l'ébullition dans un chaudron. D'abondantes écumes se forment, que l'on enlève à mesure ; le liquide se concentre en perdant une partie de son eau, qui se dégage en vapeur ; il devient plus doux et se clarifie. On met alors dans l'espèce de sirop ainsi formé des quartiers de poires, de coings, de pommes et autres fruits dépouillés de leurs peaux, débarrassés de leurs semences. Le tout bien cuit et le sirop devenu suffisamment épais pour ne plus couler, l'opération est finie. Le résultat est le *raisiné*, confiture économique, préférable à toute autre.

2. Vin cuit. — Le moût de raisin a un autre usage. Quand il a bouilli quelque temps et qu'il ne se forme plus d'écume, on le met en bouteilles que l'on bouche solidement. Le moût bouilli ne fermente plus, ou plutôt ne fermente qu'avec lenteur et difficulté. Il se conserve donc avec sa douce saveur primitive. Cependant, à la longue, une partie du glucose devient alcool, et le gaz carbonique qui provient de cette modification, n'ayant pas d'issue pour se répandre au dehors, se dissout et s'accumule dans le liquide, qu'il rend fortement mousseux. Ce produit, liqueur de dessert, se nomme *vin cuit.*

3. Vinaigre. — Tout liquide alcoolique

est apte à faire du vinaigre; néanmoins c'est le vin qui donne le plus estimé. L'expression usitée le dit assez, car *vinaigre* et *vin aigre* c'est tout un. Or, dans le vin, c'est l'alcool uniquement qui s'aigrit. On n'obtient par conséquent du bon vinaigre qu'avec du bon vin, riche en alcool. Nous avons déjà reconnu que pour changer le vin en vinaigre il suffit de le laisser en rapport avec l'air, dans des vases non bouchés ou imparfaitement bouchés. Petit à petit, par l'action de l'air longtemps prolongée, son alcool s'aigrit. C'est ce qui arrive pour les fonds de bouteille oubliés dans quelque recoin.

4. Fabrication du vinaigre dans le ménage. — Une fois que, par l'achat ou par l'aigrissement accidentel survenu dans une partie de son vin, on est en possession de la quantité de vinaigre nécessaire aux besoins de quelques mois, rien n'est plus simple que de se maintenir indéfiniment approvisionné. Dans un tonnelet d'une vingtaine de litres on met sa provision de vinaigre. A mesure que l'on puise à ce réservoir, on remplace le liquide enlevé par une égale quantité de vin, et on laisse la bonde du tonnelet ouverte, ou mieux on la bouche simplement avec un linge, qui arrête les souillures pouvant venir du dehors, mais laisse pénétrer l'air en liberté. En présence du vinaigre et de l'air, le vin ajouté ne tarde pas à se convertir lui-même en vinaigre, de sorte que la provision est toujours au complet et se maintient indéfiniment en bon état.

5. Usages du vinaigre. — De tous les assaisonnements de la cuisine, le vinaigre est, avec le sel, le plus précieux. Par sa saveur fraîche et piquante, par son agréable arome, il relève les mets qui seuls seraient trop fades. Son emploi n'est pas seulement affaire de goût, mais bien encore d'hygiène, car, en quantité très modérée, il stimule le travail de l'estomac et rend la digestion des aliments plus facile. Il est, avec l'huile, l'indispensable assaisonnement de la salade. Sans lui, cette nourriture crue fatiguerait l'estomac. Il a la propriété d'attendrir les viandes. Pour obtenir un morceau de bœuf bien tendre, on l'arrose quelques jours à l'avance d'un filet de vinaigre additionné de sel, de poivre, d'oignons et autres condiments, variables suivant les goûts de chacun. Dans ce mélange, si compliqué qu'il soit, c'est le vinaigre qui remplit le principal rôle. Cela s'appelle *mariner* la viande.

6. Condiments au vinaigre. — Le vinaigre sert à la préparation de certains condiments très usités : les *câpres*, les *cornichons*, les *piments*.

Les *câpres* sont les fleurs en boutons d'un arbuste épineux, le câprier, qui vient dans le midi de la France sur les pentes rocailleuses et les vieilles murailles bien exposées au soleil. Ces fleurs sont récoltées une à une, le matin, avant leur épanouissement. On les met confire dans du vinaigre de bonne qualité. La préparation se borne là.

On confit pareillement au vinaigre, pour des usages semblables, les *cornichons,* qui sont les fruits peu développés encore d'une sorte de citrouille, le concombre; les *piments,* autre espèce de fruit nommé parfois *poivron* à cause de son goût poivré, qui devient insupportable quand le fruit est mûr et rouge de corail.

7. Précautions à prendre pour les conserves au vinaigre. — Toutes les préparations au vinaigre exigent, pour être conservées, des vases non vernissés à l'intérieur au moyen du plomb. Or la poterie commune, la vulgaire terraille, se recouvre, dans le four du potier, d'un vernis ayant la couleur jaune du miel et contenant du plomb dans sa composition. A la longue, le vinaigre peut attaquer ce vernis, le dissoudre et acquérir des qualités malfaisantes. On tiendra donc les câpres, les piments, les cornichons et toutes les conserves au vinaigre dans des vases en verre, en faïence, ou du moins dans des pots ordinaires qui ne soient pas vernis à l'intérieur.

QUESTIONNAIRE

1. Qu'est-ce que le raisiné? — Comment l'obtient-on?

2. Le moût bouilli fermente-t-il aussi facilement que le moût non bouilli? — Comment s'obtient le vin cuit?

3. Avec quoi se fait le meilleur vinaigre? — Que faut-il pour que le vin se convertisse en vinaigre? — Quelle est la partie du vin qui s'aigrit?

4. Comment obtient-on, dans le ménage, une provision indéfinie d'excellent vinaigre?

5. Quels sont les usages du vinaigre? — Qu'est-ce que mariner la viande?

6. Que sont les câpres, les cornichons, les piments? — En quoi consiste leur préparation?

7. Avec quoi s'obtient le vernis de la vulgaire terraille? — Quel danger présente ce vernis en contact avec le vinaigre? — Dans quels vases doivent se tenir les condiments au vinaigre?

CHAPITRE XXIV

SUCRE. — CAFÉ.

1. Le sucre. — Le sucre est fort répandu dans les végétaux ; peu d'entre eux cependant se prêtent à l'extraction industrielle de la précieuse substance, parce qu'ils en contiennent trop peu. Deux plantes, incomparablement plus riches que les autres, fournissent à elles seules la presque totalité du sucre qui se consomme dans toutes les parties du monde : ce sont la canne à sucre et la betterave.

La canne à sucre est un grand roseau, à tiges lisses, luisantes, remplies d'une moelle juteuse et sucrée. On la cultive dans les pays chauds de l'Amérique et de

Betterave.

l'Afrique. En Europe, en France notamment, le sucre se retire de la betterave. C'est une énorme racine, à chair blanche, cultivée sur d'immenses étendues, dans plusieurs de nos départements du nord.

2. Industrie du sucre. — On lave les betteraves, puis on les réduit en pulpe avec de grandes râpes que font mouvoir des machines. Enfin cette pulpe est pressée dans des sacs de laine. Le jus obtenu est mis dans de grandes chaudières, où on le chauffe jusqu'à ce qu'il se soit épaissi en sirop. Pendant la cuisson, on jette un peu de chaux dans le liquide, qui se clarifie et se sépare de ses impuretés. La cuite faite au point voulu, on verse la liqueur dans des moules en terre ayant la forme conique. Ces moules, tournés la pointe en bas, ont à ce bout un petit orifice que l'on maintient bouché avec un tampon de paille. Une fois pleins de sirop, on les abandonne à un lent refroidissement. Peu à peu, le sirop se fige et se prend en une masse compacte. On retire alors le tampon de paille, et le peu de liquide qui ne s'est pas figé s'écoule goutte à goutte par l'orifice de la pointe.

Ce premier travail donne le sucre brut, vulgairement appelé *cassonade*. Sa couleur n'est pas encore le blanc pur, et sa saveur a quelque chose de déplaisant. Pour lui donner une blancheur parfaite et le dépouiller des quelques substances qui gâtent la perfection de la saveur sucrée, on lui fait subir une épuration dans des ateliers appelés *raffineries*. Le principal agent pour raffiner le sucre brut est le *noir animal*, sorte de charbon obtenu par la calcination incomplète des os. Le résultat de ce travail est le sucre ordinaire, en gros pains coniques d'une blancheur parfaite et d'une structure cristalline. Malgré sa saveur douce, le glucose, dont nous avons vu le rôle dans la fabrication du vin et dans la panification, n'est nullement la même chose que le sucre de betterave ; en particulier, il ne cristallise pas.

3. Le caféier. — La plante qui produit le café se nomme *caféier*. C'est un

Rameau de caféier.

arbuste qui, par sa tête arrondie et son branchage touffu, rappelle un petit pommier. Les feuilles en sont ovales et luisantes; les fleurs, semblables à celles du jasmin, exhalent une douce odeur et sont groupées par petits bouquets au point d'attache de chaque feuille. A ces fleurs succèdent des fruits, d'abord rouges et puis noirs, ayant l'aspect de nos cerises, mais portés sur des queues très courtes et serrées l'une contre l'autre. La chair en est fade et douceâtre; elle recouvre deux semences dures, rondes sur une face, aplaties sur l'autre et accolées ensemble par le côté plat. Ces semences sont les grains de café. Leur couleur est verdâtre. Le caféier ne prospère que dans les pays très chauds.

4. Préparation du café. — Les qualités qui nous font rechercher le café, en particulier son arome, ne se développent que par le grillage, effectué généralement dans un moulin de tôle tournant sur le feu. Cette opération doit être conduite avec soin. Trop peu grillés, les grains restent verts à l'intérieur; ils se réduisent alors difficilement en poudre et donnent une infusion jaune verdâtre dépourvue de parfum. Trop grillés, ils se réduisent en charbon à la surface ; l'infusion est alors très foncée, amère au goût et sans arome. Le café est grillé à point quand il répand une odeur agréable et qu'il a pris une couleur marron foncé.

La poudre doit en être fine, afin de céder aisément à l'eau chaude ses matières solubles. Enfin l'infusion ne doit jamais être chauffée jusqu'à bouillir, parce que le principe aromatique se dissipe alors, entraîné par les vapeurs. Un café que l'on ferait bouillir ne serait bientôt plus qu'un liquide amer privé des qualités qui lui donnent sa valeur. La meilleure température est celle qui avoisine le point d'ébullition, sans tout à fait l'atteindre.

5. Propriétés du café. — Le café possède, avant tout, la vertu de maintenir l'esprit en activité et de chasser le sommeil ; mais toutes les personnes ne ressentent pas également cette singulière influence. Il y en a sur qui le café ne produit rien; il y en a d'autres, à tempérament délicat et nerveux, qui ne peuvent fermer l'œil de toute la nuit s'il leur arrive de prendre du café le soir. Le jour, cet inconvénient n'existe plus; il y a même avantage d'avoir l'esprit dans sa pleine activité, surtout si l'on se livre aux travaux de l'intelligence. Mais pour la plupart le café est un simple fortifiant, qui favorise la digestion et excite une nouvelle vigueur. Une longue habitude en fait, pour bien des personnes, une boisson de première nécessité.

QUESTIONNAIRE

1. Quelles sont les principales plantes d'où se retire le sucre? — Où se cultive la canne à sucre? — Quelles régions de la France s'adonnent à la culture de la betterave à sucre?

2. Comment l'industrie extrait-elle le sucre de la betterave? — Quel est le nom du sucre brut,

encore impur? — Avec quoi se raffine la cassonade?

3. Décrivez l'arbuste qui produit le café. — Comment sont ses fruits et ses semences?

4. Quelle préparation fait-on d'abord subir aux grains de café? — Comment doit être conduite l'opération du grillage? — Que se passe-t-il de fâcheux si l'infusion de café vient à bouillir?

5. Quelles sont les propriétés du café comme boisson?

CHAPITRE XXV

THÉ. — CHOCOLAT.

1. Arbre à thé. — Le thé est la feuille d'un arbrisseau toujours vert, de deux mètres au plus de hauteur. Le feuillage en est touffu, luisant; les fleurs sont blanches et donnent pour fruits de petites coques assemblées trois par trois. On ne le cultive qu'en Chine et au Japon. Pour en faire le thé usuel, on expose les feuilles sur une plaque de fer brûlante, où elles se crispent, se recroquevillent. Elles sont alors roulées par petites pincées à la fois entre les mains, toujours dans la même direction.

2. Propriétés du thé. — Le thé partage avec le café la propriété d'exciter

Rameau d'arbre à thé.

les nerfs et de tenir l'esprit en éveil quand son infusion est prise forte et en grande quantité. Pris avec modération, c'est une boisson agréable qui favorise le travail de la digestion.

Préparation du thé.

Le thé n'est guère chez nous qu'un médicament dont on fait usage pour mettre fin à quelque trouble d'estomac ;

mais en certains pays, en Angleterre notamment, c'est une boisson quotidienne, qui apparaît sur la table plusieurs fois par jour.

La préparation du thé exige les mêmes soins que celle du café : le liquide ne doit jamais bouillir, sinon l'arome se dissipe et l'infusion perd de sa valeur.

3. Diverses sortes de thé. — Les thés du commerce se classent, d'après la grosseur des grains, plus forte pour les premiers, moindre pour les seconds, en *thés perlés* et *thés poudre à canon*. On les divise encore, d'après leur couleur, en *thés verts* et en *thés noirs*. Les thés verts ont une saveur acerbe et piquante, un parfum pénétrant ; ils excitent les nerfs et empêchent de dormir. Les thés noirs n'ont pas cette propriété aussi prononcée ; ils sont moins excitants, moins forts, moins parfumés.

4. Cacao. — L'arbre qui produit le *cacao,* matière première du chocolat, se cultive dans les pays les plus chauds de l'Amérique. Ses fruits, nommés *cabosses*, ont la forme et la grosseur de nos concombres, vec une dizaine de côtes longitudinales. Ils deviennent d'un rouge obscur à la maturité. Leur contenu est une chair molle, blanche, agréablement acide, au milieu de laquelle sont plongées de trente à quarante semences,

Cacaoyer.

grosses comme des olives et recouvertes d'une peau coriace. Débarrassées de tout ce qui les environne, ces semences prennent le nom de cacao.

5. Chocolat. — Le cacao est d'abord grillé, à peu près comme le café, ce qui rend les amandes d'un marron foncé, de blanches qu'elles étaient d'abord. Après le grillage, l'on brise et l'on rejette la peau dure qui revêt les amandes; et celles-ci, bien épluchées, sont broyées sur une pierre polie très dure, à l'aide d'une autre pierre ou d'un rouleau de fer. Ces amandes contiennent en abondance une matière grasse ayant quelque analogie avec le beurre. Pour tenir fluide cette matière grasse et faciliter ainsi le travail de la pâte, on tient de la braise allumée sous la pierre où s'écrasent les amandes. A la faveur d'une douce température, le beurre végétal se fond, et l'on obtient une pâte molle, qui se pétrit sans difficulté. On incorpore à cette pâte un poids égal de sucre, puis un aromate, notamment la vanille, pour parfumer le produit; et tout se borne là. Il ne reste plus qu'à mouler en tablettes le chocolat encore mou.

QUESTIONNAIRE

1. Comment est l'arbre à thé? — Dans quels pays le cultive-t-on? — Quelle préparation subissent les feuilles pour devenir le thé commercial?

2. Dites les propriétés de l'infusion du thé. — Quel soin exige cette infusion?

3. Quelles sont les diverses sortes de thé?

4. Quelle est la matière première du chocolat? — Dans quelles régions se cultive l'arbre à cacao? — Comment sont les fruits de cet arbre?

5. Comment se fabriquent les tablettes de chocolat?

CHAPITRE XXVI

LE SEL. — LES ÉPICES.

1. Le sel. — Marais salants. — L'habituel assaisonnement de notre nourriture, le sel, nous vient de la mer, dont les eaux en renferment une trentaine de kilogrammes par mètre cube. Pour le recueillir, on choisit, non loin du rivage, une plaine basse, où l'on creuse des bassins peu profonds, mais de grande superficie, appelés *marais salants*. Puis on fait arriver l'eau de la mer dans ces bassins. Quand ils sont pleins, on interrompt leur communication avec les eaux marines. Le travail des marais salants se fait surtout pendant l'été. La chaleur du soleil transforme lentement l'eau en vapeur, et le sel reste en une croûte cristalline, qu'on enlève avec des râteaux.

2. Les épices. — On nomme *épices* les substances végétales à odeur aromatique, à saveur chaude et piquante, dont on fait usage pour relever la saveur des mets et favoriser la digestion. Les principales sont : le *poivre*, le *girofle*, la *cannelle*, la *muscade*, la *vanille*, le *safran*.

3. Le poivre. — C'est le fruit d'un arbrisseau nommé *poivrier*, dont la culture ne prospère que dans les parties les plus chaudes du monde, principalement dans les îles de la Sonde, Sumatra et Java. Le poivrier a la tige déliée, flexible, sarmenteuse, apte à s'enrouler autour des arbres voisins. Ses fruits, de la grosseur au plus de nos groseilles et disposés en longues grappes, deviennent rouges à la maturité, époque de la récolte. Les grains cueillis sont mis sécher au soleil sur des nattes. Le résultat est le *poivre noir* des

Marais salants.

épiceries, globules ridés, de couleur sombre, presque noire.

Comme leur âcreté réside surtout dans la couche superficielle, on dépouille quel-

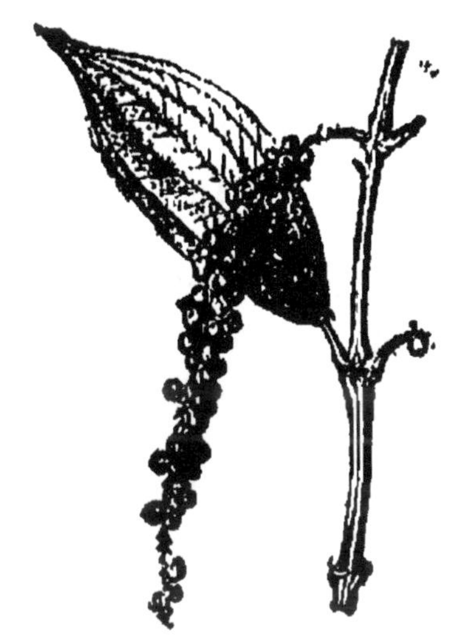

Poivrier.

quefois les fruits de leur écorce pour obtenir un poivre moins piquant. A cet effet, les grains fraîchement récoltés sont mis tremper dans de l'eau, qui fait gonfler et gercer les enveloppes. On les expose ensuite au soleil, et, quand ils sont secs, il suffit de les frotter entre les mains, puis de les vanner, pour en faire disparaître l'écorce. Cette préparation donne le *poivre blanc*, bien moins actif que le noir.

4. Clous de girofle. — Les clous de girofle sont les fleurs d'un arbre nommé *giroflier*, cueillies et desséchées au soleil avant leur complet épanouissement. La partie supérieure de ces fleurs, arrondie en bouton, représente la tête d'une sorte de clou ; la partie inférieure, rétrécie et longue, en représente la pointe. De cette grossière ressemblance provient le nom de clou de girofle. Le giroflier a pour patrie les îles Moluques. C'est un bel arbre, d'une dizaine de mètres de hauteur.

5. Cannelle. — Muscade. — La cannelle est l'écorce d'un arbre, le *cannelier*, qui se cultive dans nos colonies des pays chauds. Avec la pointe d'une serpette, on détache l'écorce des rameaux en lanières, qui, introduites les unes dans les autres, les plus petites dans les plus grandes, sont ensuite exposées au soleil, où elles se roulent sur elles-mêmes en se desséchant.

Les îles Moluques, pays par excellence

Vanille.

des épices, nous ont donné le *muscadier*, dont la culture est maintenant prospère dans nos colonies. C'est un arbre de moyenne grandeur, qui, par sa tête arrondie et son large feuillage, rappelle l'oranger. Ses fruits, de l'aspect de nos pêches, ont au centre la *noix muscade*, de forme ovalaire, à chair odorante, huileuse, marbrée de veines rougeâtres.

6. Vanille. — La plante qui produit cette épice croît dans les forêts humides de la Guyane et de la Colombie. Ses tiges menues enlacent la ramée voisine et s'élancent d'un arbre à l'autre, semblables à de minces cordages couverts de feuilles. Ses fruits, nommés *vanille,* sont allongés, cylindriques, noirs, légèrement courbés en arc et de la grosseur d'un crayon. Le parfum en est très suave, la saveur chaude, fort agréable.

7. Safran. — Le *safran* entre comme épice dans la préparation de certains mets, notamment de la *bouillabaisse,* la fameuse soupe aux poissons des Marseillais; mais son principal usage est comme matière colorante, pour donner une belle nuance jaune aux pâtes d'Italie, aux gâteaux, au beurre, aux crèmes. La plante qui le produit est cultivée dans quelques-uns de nos départements, en

particulier aux environs d'Angoulême et

Safran.

de Nemours. La partie utilisée consiste uniquement en trois longs et menus filets qui se trouvent tout au centre de la fleur.

En termes de botanique, ce sont les *styles*. On cueille les fleurs à mesure qu'elles s'épanouissent, et l'on ne garde que les styles. C'est assez dire, vu le nombre énorme de fleurs nécessaire pour obtenir une poignée de cette matière, combien est élevé le prix du safran.

QUESTIONNAIRE

1. D'où retire-t-on le sel de cuisine? — Comment se pratique l'extraction du sel des eaux de la mer?

2. Qu'appelle-t-on épices? — Citez les principales.

3. Comment est le poivrier? — Où se cultive-t-il? — En quoi le poivre blanc diffère-t-il du poivre noir?

4. Que sont les clous de girofle? — Où vient le giroflier?

5. Qu'est-ce que la cannelle? — Qu'est-ce que la noix muscade? — Quels pays nous les fournissent?

6. Comment est la plante qui produit la vanille? — Comment en sont les fruits?

7. Quels sont les usages du safran? — Quelle partie de la plante utilise-t-on?

TABLE DES MATIÈRES

LES VÊTEMENTS

LA NOURRITURE

SOC. ANON. D'IMP. DE VILLEFRANCHE-DE-ROUERGUE
Jules Bardoux, directeur.

www.ingramcontent.com/pod-product-compliance
Ingram Content Group UK Ltd.
Pitfield, Milton Keynes, MK11 3LW, UK
UKHW022049190726
13855UKWH00002B/450

9 782013 282475